BETHLEHEM: EIN MODERNER BLICK AUF DIE PALÄSTINENSISCHE KÜCHE

100 zeitgenössische Aromen aus dem Herzen Palästinas

LUIS FRANK

Urheberrechtliches Material ©2024

Alle Rechte vorbehalten

Kein Teil dieses Buches darf in irgendeiner Form oder mit irgendwelchen Mitteln ohne die entsprechende schriftliche Zustimmung des Herausgebers und Urheberrechtsinhabers verwendet oder übertragen werden, mit Ausnahme von kurzen Zitaten, die in einer Rezension verwendet werden. Dieses Buch sollte nicht als Ersatz für medizinische, rechtliche oder andere professionelle Beratung betrachtet werden.

INHALTSVERZEICHNIS

INHALTSVERZEICHNIS 3
EINFÜHRUNG 6
FRÜHSTÜCK 7
   1. Musakhan-Rollen 8
   2. Foul Medames (Ackerbohnen) 10
   3. Za'atar Manakeesh 12
   4. Palästinensische Shakshuka 14
   5. Jerusalem Bagels (Ka'Ak Alquds) 16
   6. Smoothie mit Joghurt und Datteln 18
   7. Sardinen-Kartoffel-Hash 20
   8. Ful Medames 22
   9. Maldouf-Fladenbrot 24
   10. Shakshuka 26
   11. Manoushe (syrisches Fladenbrot mit Za'atar) 28
   12. Ka'ak- Brot 30
   13. Fatteh (syrischer Frühstücksauflauf) 32
   14. Syrischer Flatb gelesen 34
   15. Labneh- und Za'atar -Toast 36
SNACKS UND VORSPEISEN 38
   16. Khubz (Fladenbrot) Chips 39
   17. Datteln mit Mandeln 41
   18. Falafel 43
   19. Spinat-Fatayer 45
   20. Gefüllte Zwiebeln 47
   21. Latkes 50
   22. Verschiedene Dattelplatte 52
   23. Foul 54
   24. Samosa 56
   25. Muhammara (syrischer Peperoni-Dip) 59
   26. Baba ghanoush 62
HAUPTKURS 65
   27. Jedra (Linsen und Reis) 66
   28. Gefülltes Hähnchen (Djaj Mahshi) 68
   29. Gegrilltes Hähnchen (Djaj Harari) 71
   30. Malve (Khuzaibah) 73
   31. Gefüllte Zucchini (Mahshi Kpusa) 75
   32. Gefüllter Kohl (Mahshi Malfouf) 78
   33. Qalayet Banadora (Tomateneintopf) 81
   34. Eingelegte grüne Olive 83
   35. Moussaka 85

36. Linsen- und Kürbissuppe ...87
37. Würziger Gazan-Fisch ...89
38. Garnelenschale ...91
39. Spinatkuchen ...93
40. Musakhan ...95
41. Thymian Mutabbaq ...97
42. Malfouf ...99
43. Al Qidra Al Khaliliya ...101
44. Frikadelle: Hackfleisch ...103
45. Mejadra ...105
46. Na'amas Fattoush ...108
47. Babyspinatsalat mit Datteln und Mandeln ...110
48. Gerösteter Butternusskürbis mit Za'atar ...112
49. Gemischter Bohnensalat ...114
50. Wurzelgemüsesalat mit Labneh ...117
51. Gebratene Tomaten mit Knoblauch ...119
52. Gebratener Blumenkohl mit Tahini ...121
53. Tabouleh ...124
54. Sabih ...127

SUPPEN ... 130
55. Bissara (Ackerbohnensuppe) ...131
56. Shorbat Adas (Linsensuppe) ...133
57. Shorbat Freekeh (Freekeh-Suppe) ...135
58. Shorbat Khodar (Gemüsesuppe) ...137
59. Bee t Kubbeh (Kubbeh-Suppe) ...139
60. Shorbat Khodar (Gemüsesuppe) ...143
61. Gemüse- Shurbah ...145
62. Brunnenkresse -Kichererbsen-Suppe mit Rosenwasser ...147
63. Heiße Joghurt - Gersten-Suppe ...150
64. Pistaziensuppe ...152
65. Verbrannte Auberginen- und Mograbieh-Suppe ...155
66. Tomaten - Sauerteig-Suppe ...158

SALATE ... 160
67. Tomaten-Gurken-Salat ...161
68. Kichererbsensalat (Salatat Hummus) ...163
69. Taboulé-Salat ...165
70. Fattoush-Salat ...167
71. Blumenkohl-, Bohnen- und Reissalat ...169
72. Dattel-Walnuss-Salat ...172
73. Karotten-Orangen-Salat ...174

NACHTISCH ... 176
74. Knafeh ...177
75. Atayef ...179

76. Basbousa (Revani) 181
77. Tamriyeh (mit Datteln gefüllte Kekse) 183
78. Katayef 185
79. Harisseh 187
80. Sesam-Mandel-Quadrate 189
81. Awameh 191
82. Rosenplätzchen (Qurabiya) 193
83. Bananen-Dattel-Tarte 195
84. Safran-Eis 197
85. Sahnekaramell (Muhallabia) 199
86. Mamoul mit Datteln 201
87. Syrische Namora 204
88. Syrische Dattel-Brownies 206
89. Baklava 209
90. Halawet el Jibn (syrische Süßkäsebrötchen) 211
91. Basbousa (Grießkuchen) 213
92. Znoud El Sit (syrisches, mit Sahne gefülltes Gebäck) 215
93. Mafroukeh (Grieß-Mandel-Dessert) 217
94. Galettes mit roter Paprika und gebackenem Ei 219
95. Kräuterkuchen 222
96. Burekas 225
97. Ghraybeh 228
98. Mutabbaq 230
99. Sherbat 233
100. Qamar al-Din-Pudding 235

ABSCHLUSS **237**

EINFÜHRUNG

Ahlan wa sahlan ! Willkommen bei „Bethlehem: Eine moderne Interpretation der palästinensischen Küche", einer kulinarischen Reise, die Sie einlädt, das Herz Palästinas anhand von 100 zeitgenössischen Geschmacksrichtungen zu erkunden. Dieses Kochbuch ist eine Hommage an das reiche kulinarische Erbe, die lebendigen Zutaten und innovativen Techniken, die die palästinensische Küche ausmachen. Begeben Sie sich mit uns auf eine moderne Erkundung der traditionellen Aromen, die über Generationen weitergegeben wurden. Stellen Sie sich einen Tisch vor, der mit aromatischen Eintöpfen, kräftigen Salaten und süßem Gebäck geschmückt ist – alles inspiriert von den vielfältigen Landschaften und kulturellen Einflüssen von Bethlehem und darüber hinaus. „Bethlehem" ist nicht nur eine Rezeptsammlung; Es ist eine Hommage an die Zutaten, Techniken und Geschichten, die die palästinensische Küche zu einem Spiegelbild der Geschichte, Widerstandsfähigkeit und der Freude an gemeinsamen Mahlzeiten machen. Egal, ob Sie palästinensische Wurzeln haben oder einfach nur die kühnen und nuancierten Geschmäcker des Nahen Ostens schätzen, diese Rezepte sollen Sie durch die Feinheiten der palästinensischen Küche führen.

Von klassischen Gerichten wie Maqluba bis hin zu modernen Variationen von Mezze und einfallsreichen Desserts ist jedes Rezept eine Hommage an die Frische, Gewürze und Gastfreundschaft, die die palästinensische Küche ausmachen. Egal, ob Sie eine festliche Zusammenkunft veranstalten oder ein gemütliches Familienessen genießen, dieses Kochbuch ist Ihre Anlaufstelle, um den authentischen Geschmack Palästinas auf Ihren Tisch zu bringen.
Begleiten Sie uns auf unserer Reise durch die kulinarischen Landschaften von Bethlehem, wo jede Kreation ein Zeugnis der lebendigen und vielfältigen Aromen ist, die die palästinensische Küche zu einer geschätzten kulinarischen Tradition machen. Ziehen Sie also Ihre Schürze an, genießen Sie den Geist der palästinensischen Gastfreundschaft und begeben Sie sich auf eine köstliche Reise durch „Bethlehem: Eine moderne Interpretation der palästinensischen Küche".

FRÜHSTÜCK

1.Musakhan-Rollen

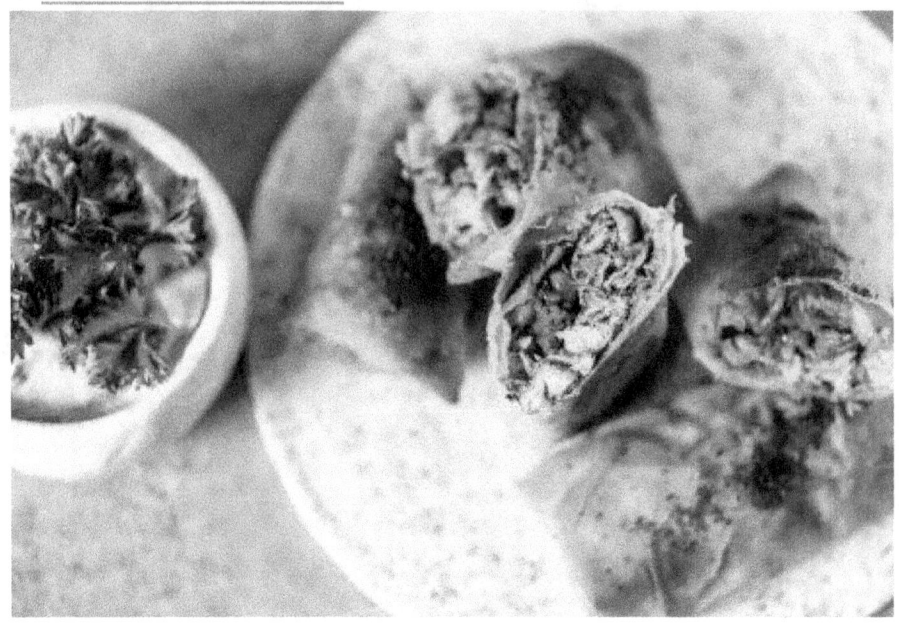

ZUTATEN:
- 2 Tassen zerkleinertes gekochtes Hühnchen
- 1 große Zwiebel, in dünne Scheiben geschnitten
- 1/4 Tasse Sumach
- Olivenöl
- Salz und Pfeffer nach Geschmack
- Fladenbrot oder Tortillas

ANWEISUNGEN:
a) Die geschnittenen Zwiebeln in Olivenöl anbraten, bis sie karamellisiert sind.
b) Fügen Sie zerkleinertes Hühnchen, Sumach, Salz und Pfeffer hinzu. Kochen, bis es durchgeheizt ist.
c) Erwärmen Sie das Fladenbrot, geben Sie dann die Hühnermischung darauf und rollen Sie es zu einem Zylinder aus.

2. Foul Medames (Ackerbohnen)

ZUTATEN:
- 2 Dosen Ackerbohnen, abgetropft
- 2 Knoblauchzehen, gehackt
- 1/4 Tasse Olivenöl
- Saft von 1 Zitrone
- Salz und Kreuzkümmel nach Geschmack
- Gehackte Petersilie zum Garnieren

ANWEISUNGEN:
a) In einer Pfanne Knoblauch in Olivenöl anbraten, bis er duftet.
b) Ackerbohnen, Zitronensaft, Salz und Kreuzkümmel hinzufügen. Kochen, bis es durchgewärmt ist.
c) Einige Bohnen mit einer Gabel zerdrücken. Mit gehackter Petersilie garniert servieren.

3.Za'atar Manakeesh

ZUTATEN:
- Pizzateig oder Fladenbrot
- 1/4 Tasse Za'atar -Gewürzmischung
- 1/4 Tasse Olivenöl
- Sesamsamen (optional)

ANWEISUNGEN:
a) Den Ofen vorheizen. Den Teig zu einem flachen Kreis ausrollen.
b) Mischen Sie Za'atar mit Olivenöl zu einer Paste.
c) Verteilen Sie die Za'atar -Paste gleichmäßig auf dem Teig und lassen Sie einen Rand frei.
d) Nach Belieben Sesam darüber streuen.
e) Backen, bis die Ränder goldbraun sind. In Scheiben schneiden und servieren.

4.Palästinensische Shakshuka

ZUTATEN:
- 2 Esslöffel Olivenöl
- 1 Zwiebel, fein gehackt
- 3 Paprika, gewürfelt
- 4 Knoblauchzehen, gehackt
- 1 Teelöffel gemahlener Kreuzkümmel
- 1 Teelöffel Paprika
- 1/2 Teelöffel Cayennepfeffer (je nach Geschmack anpassen)
- 1 Dose (28 oz) zerkleinerte Tomaten
- Salz und Pfeffer nach Geschmack
- 6-8 große Eier
- Frische Petersilie zum Garnieren

ANWEISUNGEN:
a) Olivenöl in einer großen Pfanne erhitzen. Gehackte Zwiebeln dazugeben und glasig dünsten.
b) Gewürfelte Paprika und gehackten Knoblauch hinzufügen. Kochen, bis die Paprika weich sind.
c) Gemahlenen Kreuzkümmel, Paprika und Cayennepfeffer unterrühren.
d) Zerkleinerte Tomaten dazugeben und mit Salz und Pfeffer würzen. Köcheln lassen, bis die Soße eindickt.
e) Machen Sie kleine Mulden in der Soße und schlagen Sie die Eier hinein.
f) Decken Sie die Pfanne ab und kochen Sie, bis die Eier nach Ihren Wünschen pochiert sind.
g) Mit frischer Petersilie garnieren und mit knusprigem Brot servieren.

5.Jerusalem Bagels (Ka'Ak Alquds)

ZUTATEN:

- 4 Tassen Allzweckmehl
- 1 Esslöffel Zucker
- 1 Esslöffel aktive Trockenhefe
- 1 1/2 Tassen warmes Wasser
- 1 Teelöffel Salz
- Sesamsamen zum Bestreuen

ANWEISUNGEN:

a) In einer Schüssel warmes Wasser, Zucker und Hefe vermischen. Lassen Sie es 5–10 Minuten ruhen, bis es schaumig ist.
b) In einer großen Rührschüssel Mehl und Salz vermischen. Die Hefemischung hinzufügen und kneten, bis ein glatter Teig entsteht.
c) Den Teig abdecken und 1-2 Stunden gehen lassen, bis er sein Volumen verdoppelt hat.
d) Heizen Sie den Ofen auf 400 °F (200 °C) vor.
e) Den Teig in kleine Portionen teilen und daraus Ringe formen.
f) Legen Sie die Ringe auf ein Backblech, bestreichen Sie sie mit Wasser und streuen Sie Sesamkörner darüber.
g) 15–20 Minuten backen oder bis es goldbraun ist.

6.Smoothie mit Joghurt und Datteln

ZUTATEN:
- 1 Tasse entkernte Datteln
- 1 Tasse Joghurt
- 1/2 Tasse Milch
- 1 Esslöffel Honig
- Eiswürfel

ANWEISUNGEN:
a) In einem Mixer entkernte Datteln, Joghurt, Milch und Honig vermischen.
b) Alles glatt rühren.
c) Eiswürfel hinzufügen und erneut mixen, bis der Smoothie die gewünschte Konsistenz erreicht hat.
d) In Gläser füllen und gekühlt servieren.

7.Sardinen-Kartoffel-Hash

ZUTATEN:
- 2 Dosen Sardinen in Öl, abgetropft
- 3 mittelgroße Kartoffeln, geschält und gewürfelt
- 1 Zwiebel, fein gehackt
- 2 Tomaten, gewürfelt
- 2 Knoblauchzehen, gehackt
- 1 Teelöffel gemahlener Kreuzkümmel
- 1 Teelöffel gemahlener Koriander
- Salz und Pfeffer nach Geschmack
- Olivenöl zum Kochen
- Frischer Koriander zum Garnieren

ANWEISUNGEN:
a) In einer Pfanne Olivenöl erhitzen und gehackte Zwiebeln und Knoblauch anbraten, bis sie weich sind.
b) Gewürfelte Kartoffeln dazugeben und kochen, bis sie anfangen zu bräunen.
c) Gemahlenen Kreuzkümmel, gemahlenen Koriander, Salz und Pfeffer unterrühren.
d) Gewürfelte Tomaten hinzufügen und kochen, bis sie zerfallen.
e) Die Sardinen vorsichtig unterheben und darauf achten, dass sie nicht zu stark zerbrechen.
f) Kochen, bis die Kartoffeln weich sind und die Aromen verschmelzen.
g) Vor dem Servieren mit frischem Koriander garnieren.

8. Ful Medames

ZUTATEN:
- 2 Tassen gekochte Ackerbohnen
- 1/4 Tasse Olivenöl
- 1 Zwiebel, fein gehackt
- 2 Knoblauchzehen, gehackt
- 1 Tomate, gewürfelt
- 1 Teelöffel gemahlener Kreuzkümmel
- 1 Teelöffel gemahlener Koriander
- Salz und Pfeffer nach Geschmack
- Frische Petersilie zum Garnieren
- Hartgekochte Eier zum Servieren (optional)
- Fladenbrot oder Pita zum Servieren

ANWEISUNGEN:
a) In einer Pfanne Olivenöl erhitzen und gehackte Zwiebeln und Knoblauch anbraten, bis sie weich sind.
b) Gewürfelte Tomaten hinzufügen und kochen, bis sie zerfallen.
c) Gemahlenen Kreuzkümmel, gemahlenen Koriander, Salz und Pfeffer unterrühren.
d) Die gekochten Ackerbohnen hinzufügen und kochen, bis sie durchgewärmt sind.
e) Einige der Bohnen zerdrücken, um eine cremige Konsistenz zu erhalten.
f) Mit frischer Petersilie garnieren.
g) Auf Wunsch mit hartgekochten Eiern als Beilage und Fladenbrot oder Pita servieren.

9.Maldouf-Fladenbrot

ZUTATEN:
- 2 Tassen Vollkornmehl
- Salz nach Geschmack
- 1/4 Tasse Ghee (geklärte Butter) zum flachen Braten
- Wasser Zum Kneten von Teig
- 8-14 1/2 Tasse weiche Datteln
- 1 Tasse kochendes Wasser

ANWEISUNGEN:
a) Die entkernten Datteln in 1 Tasse kochendem Wasser 2-3 Stunden lang oder bis sie weich sind einweichen.
b) Die weichen Datteln mit einem Sieb oder einem feinen Sieb pürieren. Möglicherweise benötigen Sie zum Mixen einen Mixer, wenn es für Sie nicht sehr weich ist.
c) Die pürierten Datteln mit Salz, 1 EL Ghee und Mehl vermischen und einen weichen Teig herstellen.
d) Lassen Sie den Teig mindestens 20 Minuten ruhen.
e) Teilen Sie den Teig in gleichgroße oder zitronengroße Kugeln.
f) Rollen Sie jeden Teig zu einem Fladenbrot/Paratha/einer runden Scheibe oder formen Sie ihn nach Belieben auf eine Länge von 12 bis 15 cm.
g) Beides mit Ghee flach anbraten, bis es von beiden Seiten gar ist. Da der Teig Datteln enthält, ist er sehr schnell gar.

10. Shakshuka

ZUTATEN:
- 2 Esslöffel Olivenöl
- 1 Zwiebel, fein gehackt
- 2 Paprika, gewürfelt
- 3 Knoblauchzehen, gehackt
- 1 Dose (28 oz) zerkleinerte Tomaten
- 1 Teelöffel gemahlener Kreuzkümmel
- 1 Teelöffel gemahlener Paprika
- Salz und Pfeffer nach Geschmack
- 4-6 Eier
- Frische Petersilie zum Garnieren

ANWEISUNGEN:
a) In einer großen Pfanne Olivenöl bei mittlerer Hitze erhitzen.
b) Zwiebeln und Paprika anbraten, bis sie weich sind.
c) Den gehackten Knoblauch hinzufügen und eine weitere Minute kochen lassen.
d) Zerkleinerte Tomaten dazugeben und mit Kreuzkümmel, Paprika, Salz und Pfeffer würzen. Etwa 10–15 Minuten köcheln lassen, bis die Soße eindickt.
e) Machen Sie kleine Mulden in die Soße und schlagen Sie die Eier hinein.
f) Decken Sie die Pfanne ab und kochen Sie, bis die Eier nach Ihren Wünschen pochiert sind.
g) Mit frischer Petersilie garnieren und mit Brot servieren.

11. Manoushe (syrisches Fladenbrot mit Za'atar)

ZUTATEN:
- Pizzateig oder Fladenbrotteig
- Za'atar -Gewürzmischung
- Olivenöl
- Optional: Labneh oder Joghurt zum Dippen

ANWEISUNGEN:
a) Den Pizza- oder Fladenbrotteig dünn rund ausrollen.
b) Eine großzügige Menge Olivenöl auf dem Teig verteilen.
c) Streuen Sie die Za'atar- Gewürzmischung gleichmäßig über den Teig.
d) Im Ofen backen, bis die Ränder goldbraun und knusprig sind.
e) Optional: Mit einer Beilage Labneh oder Joghurt zum Dippen servieren.

12. Ka'ak- Brot

ZUTATEN:
- 4 Tassen Allzweckmehl
- 1 Esslöffel Zucker
- 1 Teelöffel Salz
- 1 Esslöffel aktive Trockenhefe
- 1 1/2 Tassen warmes Wasser
- Sesamsamen zum Bestreuen

ANWEISUNGEN:
a) In einer großen Schüssel Mehl, Zucker und Salz vermischen.
b) In einer separaten Schüssel die Hefe in warmem Wasser auflösen und 5 Minuten schaumig ruhen lassen.
c) Die Hefemischung zur Mehlmischung geben und verkneten, bis ein glatter Teig entsteht.
d) Teilen Sie den Teig in kleine Kugeln und formen Sie jede zu einem runden oder ovalen Brot.
e) Legen Sie das geformte Brot auf ein Backblech, bestreichen Sie es mit Wasser und streuen Sie Sesamkörner darüber.
f) Im vorgeheizten Ofen bei 190 °C goldbraun backen.

13. Fatteh (syrischer Frühstücksauflauf)

ZUTATEN:
- 2 Tassen gekochte Kichererbsen
- 2 Tassen Naturjoghurt
- 2 Knoblauchzehen, gehackt
- 1 Tasse geröstete Fladenbrotstücke (Pita- oder libanesisches Brot)
- 1/4 Tasse Pinienkerne, geröstet
- 2 Esslöffel geklärte Butter (Ghee)
- Gemahlener Kreuzkümmel nach Geschmack
- Salz und Pfeffer nach Geschmack

ANWEISUNGEN:
a) Die gerösteten Fladenbrotstücke in einer Servierplatte schichten.
b) In einer Schüssel den Joghurt mit gehacktem Knoblauch, Salz und Pfeffer vermischen. Verteilen Sie es auf dem Brot.
c) Mit gekochten Kichererbsen belegen.
d) Mit geklärter Butter beträufeln und mit gerösteten Pinienkernen und gemahlenem Kreuzkümmel bestreuen.
e) Warm als herzhafter und aromatischer Frühstücksauflauf servieren.

14.Syrischer Flatb gelesen

ZUTATEN:
- 1 11/16 Tassen Wasser
- 2 Esslöffel Pflanzenöl
- ½ Teelöffel weißer Zucker
- 1 ½ Teelöffel Salz
- 3 Tassen Allzweckmehl
- 1 ½ Teelöffel aktive Trockenhefe

ANWEISUNGEN:
a) Geben Sie die Zutaten in der vom Hersteller empfohlenen Reihenfolge in die Pfanne des Brotbackautomaten.
b) Wählen Sie den Teigzyklus an Ihrem Brotbackautomaten und drücken Sie Start.
c) Wenn der Teigvorgang fast abgeschlossen ist, heizen Sie den Ofen auf 245 °C (475 °F) vor.
d) Den Teig auf eine leicht bemehlte Fläche stürzen.
e) Den Teig in acht gleich große Stücke teilen und daraus Runden formen.
f) Decken Sie die Runden mit einem feuchten Tuch ab und lassen Sie sie ruhen.
g) Rollen Sie jeden Teig zu einem dünnen, flachen Kreis mit einem Durchmesser von etwa 20 cm aus.
h) Zwei Runden auf einmal auf vorgeheizten Backblechen oder einem Backstein backen, bis sie aufgehen und goldbraun werden, etwa 5 Minuten.
i) Wiederholen Sie den Vorgang für die restlichen Brote.
j) Servieren Sie das syrische Brot warm und genießen Sie seine Vielseitigkeit zum Mittag- oder Abendessen.

15.Labneh- und Za'atar -Toast

ZUTATEN:
- Labneh (abgesiebter Joghurt)
- Za'atar -Gewürzmischung
- Olivenöl
- Fladenbrot oder knuspriges Brot

ANWEISUNGEN:
a) Verteilen Sie eine großzügige Menge Labneh auf geröstetem Fladenbrot oder Ihrem Lieblings-Krustenbrot.
b) Za'atar- Gewürzmischung bestreuen .
c) Mit Olivenöl beträufeln.
d) Als offenes Sandwich servieren oder in kleinere Stücke schneiden.

SNACKS UND VORSPEISEN

16.Khubz (Fladenbrot) Chips

ZUTATEN:
- 4 Fladenbrote (Khubz)
- 2 Esslöffel Olivenöl
- 1 Teelöffel gemahlener Kreuzkümmel
- 1 Teelöffel Paprika
- Salz nach Geschmack

ANWEISUNGEN:
a) Backofen auf 350°F (180°C) vorheizen.
b) Fladenbrote mit Olivenöl bestreichen und mit Kreuzkümmel, Paprika und Salz bestreuen.
c) Fladenbrote in Dreiecke oder Streifen schneiden.
d) Im Ofen 10–12 Minuten backen, bis es knusprig ist.
e) Vor dem Servieren abkühlen lassen.

17. Datteln mit Mandeln

ZUTATEN:
- Frische Datteln
- Mandeln, ganz oder halbiert

ANWEISUNGEN:
a) Entkernen Sie die Datteln, indem Sie einen kleinen Einschnitt machen und den Kern entfernen.
b) Geben Sie eine ganze Mandel oder eine Hälfte in den Hohlraum, den der Kern hinterlassen hat.

18.Falafel

ZUTATEN:
- 2 Tassen eingeweichte und abgetropfte Kichererbsen
- 1 kleine Zwiebel, gehackt
- 3 Knoblauchzehen, gehackt
- 1/4 Tasse frische Petersilie, gehackt
- 1 Teelöffel gemahlener Kreuzkümmel
- 1 Teelöffel gemahlener Koriander
- Salz und Pfeffer nach Geschmack
- Öl zum braten

ANWEISUNGEN:
a) In einer Küchenmaschine Kichererbsen, Zwiebeln, Knoblauch, Petersilie, Kreuzkümmel, Koriander, Salz und Pfeffer vermischen, bis eine grobe Mischung entsteht.
b) Formen Sie die Mischung zu kleinen Kugeln oder Pastetchen.
c) Öl in einer Pfanne erhitzen und von beiden Seiten goldbraun braten.
d) Auf Papiertüchern abtropfen lassen.
e) Heiß mit Tahinisauce oder Joghurt servieren.

19.Spinat-Fatayer

ZUTATEN:
- 2 Tassen gehackter Spinat
- 1 kleine Zwiebel, fein gehackt
- 1/4 Tasse Pinienkerne
- 1 Esslöffel Olivenöl
- 1 Teelöffel gemahlener Sumach
- Salz und Pfeffer nach Geschmack
- Pizzateig oder fertige Blätterteigblätter

ANWEISUNGEN:
a) Zwiebeln in Olivenöl anbraten, bis sie glasig sind.
b) Gehackten Spinat hinzufügen und kochen, bis er zusammenfällt.
c) Pinienkerne, gemahlenen Sumach, Salz und Pfeffer unterrühren.
d) Pizzateig oder Blätterteig ausrollen und in Kreise schneiden.
e) Geben Sie einen Löffel der Spinatmischung auf jeden Kreis, falten Sie ihn zur Hälfte und verschließen Sie die Ränder.
f) Goldbraun backen.
g) Warm servieren.

20. Gefüllte Zwiebeln

ZUTATEN:
- 4 große Zwiebeln (insgesamt 2 lb / 900 g, geschältes Gewicht) etwa 1⅔ Tassen / 400 ml Gemüsebrühe
- 1½ EL Granatapfelmelasse
- Salz und frisch gemahlener schwarzer Pfeffer
- FÜLLUNG
- 1½ EL Olivenöl
- 1 Tasse / 150 g fein gehackte Schalotten
- ½ Tasse / 100 g Rundkornreis
- ¼ Tasse / 35 g Pinienkerne, zerkleinert
- 2 EL gehackte frische Minze
- 2 EL gehackte glatte Petersilie
- 2 TL getrocknete Minze
- 1 TL gemahlener Kreuzkümmel
- ⅛ TL gemahlene Nelke
- ¼ TL gemahlener Piment
- ¾ TL Salz
- ½ TL frisch gemahlener schwarzer Pfeffer
- 4 Zitronenschnitze (optional)

ANWEISUNGEN:

a) Schälen Sie die Spitzen und Schwänze der Zwiebeln und schneiden Sie sie etwa 0,5 cm ab. Geben Sie die geschnittenen Zwiebeln in einen großen Topf mit reichlich Wasser, bringen Sie sie zum Kochen und kochen Sie sie 15 Minuten lang. Abgießen und zum Abkühlen beiseite stellen.

b) Um die Füllung zuzubereiten, erhitzen Sie das Olivenöl in einer mittelgroßen Pfanne bei mittlerer bis hoher Hitze und fügen Sie die Schalotten hinzu. Unter häufigem Rühren 8 Minuten lang anbraten und dann alle restlichen Zutaten außer den Zitronenschnitzen hinzufügen. Stellen Sie die Hitze auf niedrig und kochen und rühren Sie 10 Minuten lang weiter.

c) Machen Sie mit einem kleinen Messer einen langen Schnitt von der Oberseite der Zwiebel bis zur Unterseite, der bis zur Mitte reicht, sodass jede Zwiebelschicht nur einen Schlitz aufweist. Beginnen Sie vorsichtig, die Zwiebelschichten eine nach der anderen zu trennen, bis Sie das Kerngehäuse erreichen. Machen

Sie sich keine Sorgen, wenn einige der Schichten durch das Peeling ein wenig reißen; Sie können sie weiterhin verwenden.

d) Halten Sie eine Zwiebelschicht in einer hohlen Hand und löffeln Sie etwa 1 Esslöffel der Reismischung in eine Hälfte der Zwiebel, wobei Sie die Füllung nahe an einem Ende der Öffnung platzieren. Lassen Sie sich nicht dazu verleiten, es noch mehr zu füllen, denn es muss schön und kuschelig verpackt sein. Falten Sie die leere Seite der Zwiebel über die gefüllte Seite und rollen Sie sie fest auf, sodass der Reis mit einigen Zwiebelschichten bedeckt ist und keine Luft in der Mitte ist.

e) Mit der Nahtseite nach unten in eine mittelgroße Bratpfanne mit Deckel geben und mit der restlichen Zwiebel-Reis-Mischung fortfahren. Legen Sie die Zwiebeln nebeneinander in die Pfanne, sodass kein Platz zum Bewegen entsteht. Füllen Sie alle Zwischenräume mit nicht gefüllten Teilen der Zwiebel. So viel Brühe dazugeben, dass die Zwiebeln zu drei Vierteln bedeckt sind, zusammen mit der Granatapfelmelasse und mit ¼ Teelöffel Salz würzen.

f) Decken Sie die Pfanne ab und lassen Sie das Ganze 1½ bis 2 Stunden lang auf niedrigster Stufe köcheln, bis die Flüssigkeit verdampft ist. Warm oder bei Zimmertemperatur servieren, nach Belieben mit Zitronenspalten.

21. Latkes

ZUTATEN:
- 5½ Tassen / 600 g geschälte und geriebene, ziemlich festkochende Kartoffeln wie Yukon Gold
- 2¾ Tassen / 300 g geschälte und geriebene Pastinaken
- ⅔ Tasse / 30 g Schnittlauch, fein gehackt
- 4 Eiweiß
- 2 EL Maisstärke
- 5 EL / 80 g ungesalzene Butter
- 6½ EL / 100 ml Sonnenblumenöl
- Salz und frisch gemahlener schwarzer Pfeffer
- Sauerrahm, zum Servieren

ANWEISUNGEN:
a) Spülen Sie die Kartoffel in einer großen Schüssel mit kaltem Wasser ab. In einem Sieb abtropfen lassen, überschüssiges Wasser ausdrücken und die Kartoffel dann auf einem sauberen Küchentuch ausbreiten, um sie vollständig zu trocknen.

b) In einer großen Schüssel Kartoffeln, Pastinaken, Schnittlauch, Eiweiß, Maisstärke, 1 Teelöffel Salz und reichlich schwarzen Pfeffer vermischen.

c) Die Hälfte der Butter und die Hälfte des Öls in einer großen Bratpfanne bei mittlerer bis hoher Hitze erhitzen. Nehmen Sie mit den Händen Portionen von etwa 2 Esslöffeln der Latke-Mischung heraus, drücken Sie sie fest aus, um einen Teil der Flüssigkeit zu entfernen, und formen Sie sie zu dünnen Pastetchen mit einer Dicke von etwa 3/8 Zoll / 1 cm und einem Durchmesser von 3¼ Zoll / 8 cm.

d) Geben Sie vorsichtig so viele Latkes in die Pfanne, wie Sie bequem hineinpassen, drücken Sie sie vorsichtig nach unten und richten Sie sie mit der Rückseite eines Löffels aus. Bei mittlerer bis hoher Hitze von jeder Seite 3 Minuten braten. Die Latkes müssen außen vollständig braun sein. Nehmen Sie die frittierten Latkes aus dem Öl, legen Sie sie auf Papiertücher und halten Sie sie warm, während Sie den Rest kochen.

e) Fügen Sie nach Bedarf die restliche Butter und das Öl hinzu. Sofort mit saurer Sahne als Beilage servieren.

22.Verschiedene Dattelplatte

ZUTATEN:
- 4-5 Tassen entsteinte Datteln oder eine andere Sorte
- 1/2 Tasse geröstete Sonnenblumenkerne
- 1/2 Tasse geröstete Kürbiskerne
- 1/2 Tasse geröstete weiße Sesamsamen
- 1/2 Tasse geröstete schwarze Sesamsamen
- 1/2 Tasse geröstete Erdnüsse

ANWEISUNGEN:
a) Alle Datteln waschen und trockentupfen. Stellen Sie sicher, dass sie trocken und frei von Feuchtigkeit sind.
b) Machen Sie einen Schlitz in der Mitte jeder Dattel und entfernen Sie die Kerne. Entsorgen Sie die Samen.
c) Füllen Sie die Mitte jeder Dattel mit den gerösteten Sonnenblumenkernen, Kürbiskernen, weißen Sesamkörnern, schwarzen Sesamkörnern und Erdnüssen.
d) Ordnen Sie die gefüllten Datteln auf einer großen Platte so an, dass sie gut zugänglich und optisch ansprechend sind.
e) Bewahren Sie die verschiedenen Datteln in luftdichten Behältern im Kühlschrank auf.

23. Foul

ZUTATEN:
- 2 Dosen Ackerbohnen, abgetropft und abgespült
- 2 Knoblauchzehen, gehackt
- 1/4 Tasse Olivenöl
- Saft von 1 Zitrone
- Salz und Pfeffer nach Geschmack
- Gehackte Petersilie zum Garnieren
- Brot (Rukhal), zum Servieren

ANWEISUNGEN:
a) In einer Pfanne den gehackten Knoblauch in Olivenöl anbraten, bis er duftet.
b) Die Ackerbohnen hinzufügen und kochen, bis sie durchgewärmt sind.
c) Die Bohnen mit einer Gabel leicht zerdrücken.
d) Mit Zitronensaft, Salz und Pfeffer würzen.
e) Mit gehackter Petersilie garnieren.
f) Mit Brot servieren.

24.Samosa

ZUTATEN:
FÜR SAMOSA-TEIG:
- 2 Tassen Allzweckmehl (Maida) (260 Gramm)
- 1 Teelöffel Ajowan (Karambolsamen)
- 1/4 Teelöffel Salz
- 4 Esslöffel + 1 Teelöffel Öl (60 ml + 5 ml)
- Wasser zum Kneten des Teigs (ca. 6 Esslöffel)

FÜR DIE SAMOSA-FÜLLUNG:
- 3-4 mittelgroße Kartoffeln (500-550 Gramm)
- 2 Esslöffel Öl
- 1 Teelöffel Kreuzkümmelsamen
- 1 Teelöffel Fenchelsamen
- 2 Teelöffel zerstoßene Koriandersamen
- 1 Teelöffel fein gehackter Ingwer
- 1 grüne Chili, gehackt
- 1/4 Teelöffel Hing (Asafoetida)
- 1/2 Tasse + 2 Esslöffel grüne Erbsen (bei Verwendung von gefrorenem in warmem Wasser eingeweicht)
- 1 Teelöffel Korianderpulver
- 1/2 Teelöffel Garam Masala
- 1/2 Teelöffel Amchur (getrocknetes Mangopulver)
- 1/4 Teelöffel rotes Chilipulver (oder nach Geschmack)
- 3/4 Teelöffel Salz (oder nach Geschmack)
- Öl zum Frittieren

ANWEISUNGEN:
SAMOSA-TEIG HERSTELLEN:
a) In einer großen Schüssel Allzweckmehl, Ajowan und Salz vermischen.

b) Fügen Sie Öl hinzu und reiben Sie das Mehl mit Öl ein, bis es wie Krümel aussieht. Dies sollte 3-4 Minuten dauern.

c) Nach und nach Wasser hinzufügen und kneten, bis ein fester Teig entsteht. Überarbeiten Sie den Teig nicht; es sollte einfach zusammenpassen.

d) Den Teig mit einem feuchten Tuch abdecken und 40 Minuten ruhen lassen.

KARTOFFELFÜLLUNG HERSTELLEN:

e) Kochen Sie die Kartoffeln, bis sie gar sind (8–9 Pfiffe bei Verwendung eines Schnellkochtopfs oder 12 Minuten bei hohem Druck in einem Schnellkochtopf).
f) Kartoffeln schälen und zerstampfen.
g) In einer Pfanne Öl erhitzen und Kreuzkümmel, Fenchelsamen und zerstoßene Koriandersamen hinzufügen. Anbraten, bis es aromatisch ist.
h) Gehackten Ingwer, grünen Chili, Hingucker , gekochte und zerdrückte Kartoffeln und grüne Erbsen hinzufügen. Gut mischen.
i) Korianderpulver, Garam Masala, Amchur , rotes Chilipulver und Salz hinzufügen. Mischen, bis alles gut eingearbeitet ist. Vom Herd nehmen und die Füllung abkühlen lassen.

SAMOSA FORMEN UND FRITTEN:
j) Nachdem der Teig ruht, teilen Sie ihn in 7 gleiche Teile.
k) Rollen Sie jeden Teil zu einem Kreis mit 6–7 Zoll Durchmesser und schneiden Sie ihn in zwei Teile.
l) Nehmen Sie einen Teil, geben Sie Wasser auf die gerade Kante und formen Sie einen Kegel. Mit 1-2 EL Kartoffelfüllung füllen.
m) Verschließen Sie die Samosa, indem Sie die Ränder zusammendrücken. Für den restlichen Teig wiederholen.
n) Öl bei schwacher Hitze erhitzen. Samosas bei schwacher Hitze braten, bis sie fest und hellbraun sind (10–12 Minuten). Erhöhen Sie die Hitze auf mittlere Stufe und braten Sie es goldbraun.
o) Braten Sie 4–5 Samosas auf einmal, jede Portion dauert bei schwacher Hitze etwa 20 Minuten.

25. Muhammara (syrischer Peperoni-Dip)

ZUTATEN:
- 2 süße Paprika, entkernt und geviertelt
- 3 Scheiben Vollkornbrot, Kruste entfernt
- ¾ Tasse geröstete Walnüsse, gehackt
- 2 Esslöffel Zitronensaft
- 2 Esslöffel Aleppo-Pfeffer
- 2 Teelöffel Granatapfelmelasse
- 1 Knoblauchzehe, gehackt
- 1 Teelöffel Kreuzkümmelsamen, grob gemahlen
- Salz nach Geschmack
- ½ Tasse Olivenöl
- 1 Prise Sumachpulver

ANWEISUNGEN:

a) Stellen Sie den Ofenrost etwa 15 cm von der Wärmequelle entfernt auf und heizen Sie den Grill des Ofens vor.
b) Ein Backblech mit Alufolie auslegen.
c) Legen Sie die Paprika mit der Schnittseite nach unten auf das vorbereitete Backblech.
d) Unter dem vorgeheizten Grill rösten, bis die Schale der Paprika schwarz wird und Blasen wirft, etwa 5 bis 8 Minuten.
e) Die Brotscheiben im Toaster rösten und abkühlen lassen.
f) Geben Sie das geröstete Brot in einen wiederverschließbaren Plastikbeutel, drücken Sie die Luft heraus, verschließen Sie den Beutel und zerdrücken Sie ihn mit einem Nudelholz, sodass Krümel entstehen.
g) Geben Sie die gerösteten Paprikaschoten in eine Schüssel und verschließen Sie sie fest mit Plastikfolie.
h) Etwa 15 Minuten beiseite stellen, bis sich die Schalen der Paprika lösen.
i) Entfernen Sie die Schalen und entsorgen Sie sie.
j) Die geschälten Paprika mit einer Gabel zerdrücken.
k) In einer Küchenmaschine zerdrückte Paprika, Semmelbrösel, geröstete Walnüsse, Zitronensaft, Aleppo-Pfeffer, Granatapfelmelasse, Knoblauch, Kreuzkümmel und Salz vermengen.
l) Pulsieren Sie die Mischung einige Male, um sie zu vermischen, bevor Sie sie auf der niedrigsten Stufe laufen lassen.
m) Lassen Sie das Olivenöl langsam in die Pfeffermischung strömen, bis sie vollständig vermischt ist.
n) Übertragen Sie die Muhammara-Mischung auf eine Servierplatte.
o) Vor dem Servieren Sumach über die Mischung streuen.

26.Baba ghanoush

ZUTATEN:
- 4 große italienische Auberginen
- 2 zerdrückte Knoblauchzehen
- 2 Teelöffel koscheres Salz oder nach Geschmack
- 1 Zitrone, entsaftet oder mehr nach Geschmack
- 3 Esslöffel Tahini oder mehr nach Geschmack
- 3 Esslöffel natives Olivenöl extra
- 2 Esslöffel griechischer Naturjoghurt
- 1 Prise Cayennepfeffer oder nach Geschmack
- 1 Blatt frische Minze, gehackt (optional)
- 2 Esslöffel gehackte frische italienische Petersilie

ANWEISUNGEN:
a) Heizen Sie einen Außengrill auf mittlere bis hohe Hitze vor und ölen Sie den Rost leicht ein.
b) Mit der Messerspitze mehrmals in die Oberfläche der Auberginenschale einstechen.
c) Auberginen direkt auf den Grill legen. Während die Haut verkohlt, häufig mit einer Zange wenden.
d) Etwa 25 bis 30 Minuten kochen, bis die Auberginen zusammengefallen und sehr weich sind.
e) In eine Schüssel geben, fest mit Alufolie abdecken und etwa 15 Minuten abkühlen lassen.
f) Wenn die Auberginen kühl genug zum Anfassen sind, teilen Sie sie in zwei Hälften und schaben Sie das Fruchtfleisch in ein Sieb über einer Schüssel.
g) 5 bis 10 Minuten abtropfen lassen.
h) Geben Sie die Aubergine in eine Rührschüssel und fügen Sie zerdrückten Knoblauch und Salz hinzu.
i) Ca. 5 Minuten pürieren, bis eine cremige Masse mit etwas Konsistenz entsteht.
j) Zitronensaft, Tahini, Olivenöl und Cayennepfeffer unterrühren.
k) Joghurt einrühren.
l) Decken Sie die Schüssel mit Plastikfolie ab und stellen Sie sie etwa 3 bis 4 Stunden lang in den Kühlschrank, bis sie vollständig abgekühlt ist.
m) Abschmecken, um die Gewürze anzupassen.
n) Vor dem Servieren gehackte Minze und gehackte Petersilie unterrühren.

HAUPTKURS

27.Jedra (Linsen und Reis)

ZUTATEN:
- 1 Tasse Linsen, abgespült
- 1 Tasse Reis
- 1 große Zwiebel, fein gehackt
- 1/4 Tasse Olivenöl
- Gemahlener Kreuzkümmel, Koriander, Salz und Pfeffer nach Geschmack

ANWEISUNGEN:
a) Gehackte Zwiebeln in Olivenöl anbraten, bis sie goldbraun sind.
b) Linsen, Reis, Gewürze und Wasser hinzufügen. Kochen, bis Reis und Linsen weich sind.
c) Vor dem Servieren mit einer Gabel auflockern.

28. Gefülltes Hähnchen (Djaj Mahshi)

ZUTATEN:
ZUM MARINIEREN VON HÜHNCHEN:
- 1300 Gramm Huhn, groß
- 2 Zitronen
- 2 Teelöffel Salz
- 1 Teelöffel feiner Kreuzkümmel
- 1 Teelöffel gemahlener schwarzer Pfeffer

HÜHNCHEN KOCHEN:
- 2 Tassen Wasser
- 1 mittelgroße Zwiebel, in kleine Stücke gehackt
- 4 Kardamom
- 3 Lorbeerblätter

FÜR DIE FÜLLUNG:
- 3/4 Tasse ägyptischer Reis (klein), gewaschen und in kaltem Wasser eingeweicht
- 30 Minuten ziehen lassen und gut abtropfen lassen
- 1 Esslöffel Pflanzenöl
- 1 Esslöffel Margarine
- 2 Esslöffel Pinienkerne oder jede Art von Nüssen
- 150 g Hackfleisch, ohne Fett (optional)
- 1 kleine Zwiebel, in kleine Stücke gehackt
- 3/4 Tasse heißes Wasser
- 1 Teelöffel Paprika
- 1 Teelöffel Salz
- 1 Teelöffel gemahlener schwarzer Pfeffer
- 1/2 Teelöffel feiner Zimt
- 1 Esslöffel Pflanzenöl, für den Ofen
- 1 Esslöffel Tomatensauce, für den Ofen

ANWEISUNGEN:
a) Wir überprüfen das Huhn ein wenig mit einem Messer, bis wir alle noch vorhandenen Federn entfernen. Reiben Sie das Hähnchen dann innen und außen gut mit Zitrone ein, reiben Sie es dann mit einer Mischung aus Salz, schwarzem Pfeffer und Kreuzkümmel ein und lassen Sie es zwei Stunden im Kühlschrank, bis die Marinade absorbiert ist.

b) Um die Füllung zuzubereiten, Öl und Margarine in einen Topf auf dem Feuer geben, dann die Pinienkerne etwas anbraten, dann die Zwiebeln dazugeben und rühren, bis die Zwiebeln zusammenfallen, das Hackfleisch dazugeben und rühren, bis das Fleischwasser austrocknet.

c) Fügen Sie 3/4 Tasse heißes Wasser hinzu und rühren Sie um, dann fügen Sie Reis hinzu und rühren Sie 5 Minuten lang um, fügen Sie Salz, Paprika, schwarzen Pfeffer und Zimt hinzu und rühren Sie um, reduzieren Sie dann die Hitze ein wenig, bis der Reis halb gar ist, und nehmen Sie ihn aus dem Topf feuern und stehen lassen, bis es abgekühlt ist.

d) Wir fangen an, das Hähnchen vom Hals her zu füllen, dann von innen, stopfen es unter die Flügel und verschließen die offenen Stellen mit einem Faden (achten Sie darauf, das Hähnchen nicht vollständig zu füllen, da das Reisvolumen danach zunimmt).

e) Legen Sie das Hähnchen auf den Rücken und füllen Sie es mit gerade so viel Wasser, dass es mit Kardamom und gehackten Zwiebeln bedeckt ist, und lassen Sie es bei schwacher Hitze kochen, bis das Hähnchen zu reifen beginnt.

f) Wir nehmen das Hähnchen aus dem Topf und bestreichen es von außen mit einem Pinsel mit der Sauce-Öl-Mischung. Mit 4 EL Brühe in den Grillbeutel geben, den Beutel gut verschließen und anschließend mit einer Stecknadel von oben ein kleines Loch machen, damit er sich im Ofen nicht zu sehr ausbeult. Dann legen wir den Beutel in das Backblech.

g) Das nach palästinensischer Art gebratene gefüllte Hähnchen kommt auf dem Grill in den Ofen, bis es vollständig gebräunt ist. Dabei wird der Beutel während des Bratens umgedreht. Anschließend wird es aus dem Ofen genommen, auf einen Servierteller gelegt und serviert.

29. Gegrilltes Hähnchen (Djaj Harari)

ZUTATEN:
HUHN
- Grillbeutel
- Wasser 1 Tasse
- 1 große Kartoffel, in Quadrate geschnitten
- Karotte oder zwei gehackte Karotten

FÜLLUNG:
- Knoblauch 1 Kopf
- 1 Zwiebel
- Tomate
- Zitronensaft
- kleiner Löffel Essig
- kleine Tasse Olivenöl
- Zwei Esslöffel Tomatenmark
- Salz (nach Wunsch)
- Löffel Sojasauce

ANWEISUNGEN:
a) Geben Sie die Zutaten für die Füllung in den Mixer, bringen Sie dann das Huhn dazu und
b) Machen Sie Löcher in das Hähnchen, würzen Sie es und marinieren Sie es vier Stunden oder eine ganze Nacht lang.
c) Salzen Sie das Gemüse, das wir zum Huhn geben möchten, würzen Sie es und legen Sie es zusammen mit dem Huhn in den Beutel.
d) Verschließen Sie den Beutel von oben, legen Sie ihn in die Schale, gießen Sie eine Tasse Wasser in die Schale und stechen Sie mit einem Messer zwei kleine Löcher in den Beutel, damit die Luft entweichen kann.
e) Stellen Sie es in den vorgeheizten Ofen, der eine Stunde bis eineinhalb Stunden lang bei einer Temperatur von 180 Grad vorgeheizt ist, und fügen Sie Wasser in das Blech hinzu, wenn es trocknet, bevor es fertig ist.
f) Wir nehmen es aus der Tüte und servieren es mit Joghurt und Gurken, gesund und fertig.

30.Malve (Khuzaibah)

ZUTATEN:
- Ein oder zwei Bündel frische Malvenblätter (Cheeseweed)
- 1 Zwiebel
- Olivenöl
- Weizenmehl oder einfaches Mehlsalz
- schwarzer Pfeffer
- Scharfe Soße
- Fein gehackter roter Pfeffer
- kochendes Wasser

ANWEISUNGEN:
a) Pflücken Sie die Blätter vorsichtig und entfernen Sie alle Stiele.
b) Wasser kochen. Lassen Sie die Malvenblätter beim Kochen ins Wasser fallen. Rühren, bis sie flach sind.
c) Für diesen nächsten Schritt ist ein Mäher oder Rührwerk erforderlich, bei dem es sich um einen Holzstab mit mehreren Löchern handelt. Aus den Löchern ragen kleine Holzstäbchen heraus. Rühren Sie die Malvenblätter mit dem Werkzeug um. Für den gleichen Zweck kann der Schneebesen von Ann verwendet werden, es ist aber auch möglich, auf den Rührer oder den Schneebesen zu verzichten und einfach einen Holzlöffel zu verwenden
d) Nachdem die Malve geschmolzen ist und ihre Blätter auseinanderfallen, geben Sie etwas Wasser auf das Mehl und rühren Sie, bis sich kleine Teigklumpen bilden.
e) Khubaizeh legen , mit Salz und schwarzem Pfeffer würzen; Fügen Sie gehackte rote Paprika und einen Löffel rote Chilisauce hinzu.
f) Bei schwacher Hitze stehen lassen, bis der Teig vollständig ausgereift ist.
g) Schneiden Sie die Zwiebeln in kleine Stücke und braten Sie sie in Olivenöl an, bis sie leicht rot werden. Geben Sie dann die Zwiebel-Öl-Mischung zum Khubaiza und kochen Sie etwas.
h) Heiß serviert mit frischem Brot, Zitrone, scharfer Soße und Gurken, kann aber auch in Form von Fattah (gehacktes Brot mit gekochter Malvensuppe darüber) serviert werden.

31. Gefüllte Zucchini (Mahshi Kpusa)

ZUTATEN:
- 1 Pfund grasgefüttertes Lamm- oder Rinderhackfleisch oder Geflügel
- 2,5 Tassen kurzkörniger weißer Reis, abgespült (siehe Hinweis)
- 1 TL Zimt
- 1 TL gemahlener Piment
- 1/4 TL Muskatnuss
- 1/4 TL gemahlener Kardamom
- Salz und schwarzer Pfeffer nach Geschmack
- 4 EL Olivenöl (aufgeteilt)

GEMÜSE
- 12-14 (ungefähr 4 Pfund) kleine Zucchini, ungefähr 5-6 Zoll lang und 1
- bis 2 Zoll Durchmesser
- Salz und Pfeffer nach Geschmack

SOSSE
- 2 Tassen Hühnerbrühe, ich verwende nur Wasser, es ist völlig in Ordnung (genug, um das Gemüse darin einzutauchen)
- 28 Unzen zerdrückte Tomaten
- 1 EL Tomatenmark
- 4 Pfund frische Tomaten.
- 3 Knoblauchzehen
- Lorbeerblatt

ANWEISUNGEN:

a) Zuerst möchten Sie die Zucchini entkernen. Sie können Zucchini-Ausstecher problemlos online und in den meisten Lebensmittelgeschäften im Nahen Osten finden.

b) Dies ist eine großartige Technik zum Erlernen und Üben, da sie bei so vielen gefüllten Gemüsesorten verwendet wird. Fühlen Sie sich nicht schlecht, wenn Sie wenige kaputt machen. Es braucht Übung. Schneiden Sie zunächst die Stiele ab. Um die Arbeit zu erleichtern, benötigen Sie ein Spezialwerkzeug wie einen Apfelausstecher. Entkernen Sie sie einfach weiter, wie beim Schnitzen eines Kürbisses, bis die Wände etwa 3 mm dick sind und Sie den Boden erreicht haben. Sie werden diesen Schritt einige Male wiederholen, bis Sie die Zucchini ausgekratzt und ausgehöhlt haben, um genügend Platz für die Füllung zu schaffen. Achten Sie darauf, möglichst kein Loch hineinzustechen. Wenn Sie einen Apfelentkerner haben, verwenden Sie diesen. Werfen Sie das Fruchtfleisch nicht weg. Man kann es ganz einfach alleine mit Gewürzen oder mit Eiern kochen und mit frischem Brot essen.

c) Spülen Sie den Reis ein paar Mal in kaltem Wasser ab, bis das Wasser klar ist. Dadurch wird ein Teil der Stärke im Reis entfernt und die Füllung wird flauschiger.

d) Anbraten des Fleisches: (optional) oder Sie können einfach rohes Fleisch zum abgespülten Reis geben.

e) In einer Pfanne mit schwerem Boden das Öl erhitzen, das Fleisch und die Gewürze hinzufügen. Anbraten, bis es leicht gebräunt ist und zerbröckelt. Sie müssen das Fleisch nicht vollständig garen, da es in der Soße fertig gart.

f) Nehmen Sie eine schöne tiefe Schüssel und vermischen Sie alle Zutaten für die Füllung, bis alles gut vermischt ist. (Oder Sie können meine Hände dafür benutzen.)

g) Füllen Sie die Zucchini vorsichtig mit den Fingern mit der Mischung. Überfüllen Sie sie nicht! Füllen Sie die Kousa nur zu etwa ¾ mit der Füllung und packen Sie sie nicht ein. Lassen Sie Platz, damit sich der Reis beim Kochen ausdehnen kann.

h) In einen großen Topf mit starkem Boden die zusätzlichen 2 EL Olivenöl geben und das Zucchinimark (das Innere der Zucchini) mit den Knoblauchzehen anbraten. Die Saucenzutaten vermengen und unter Rühren zum Kochen bringen. Dann die Hitze reduzieren und einige Minuten köcheln lassen, damit sich die Aromen vermischen. Zum Würzen abschmecken. Die gefüllten Zucchini vorsichtig in der Brühe schwimmen lassen und 50–60 Minuten köcheln lassen (achten Sie darauf, dass die Brühe die Zucchini bedeckt), bis der Reis gar und die Zucchini zart ist.

i) Überprüfen Sie während des Kochens gelegentlich, ob die Sauce mehr Brühe oder Wasser benötigt, fügen Sie sie hinzu. In tiefen Schüsseln servieren, mit der Tomatensauce belegen. Sahtain! Was auf Arabisch „Guten Appetit" bedeutet, was wörtlich übersetzt „Zwei Gesundheit für Sie" bedeutet.

32. Gefüllter Kohl (Mahshi Malfouf)

ZUTATEN:

- 1 großer Kopf Breitkohl
- 2 ganze Knoblauchzehen
- 2 Pfund Lammkoteletts oder Lammfleisch mit Knochen auf den Topfboden geben
- Zitronensaft und Zitronenscheiben zum Servieren.
- 3 Tassen Rundkornreis, gekocht
- 4 zerdrückte Knoblauchzehen
- Salz und Pfeffer
- 2 TL gemahlener Piment
- 1 TL Kreuzkümmel
- 1/2 TL Zimt
- 1/4 TL Muskatnuss
- 2 EL Olivenöl
- 1 Pfund Hackfleisch (Lamm, Rind, Hähnchen- oder Putenhackfleisch (vorzugsweise dunkles Fleisch, keine Brust).

ANWEISUNGEN:

a) Den Strunk vom Kohl entfernen.
b) Den ganzen Kohlkopf in einem großen Topf kochen, bis die Blätter weich und biegsam sind.
c) Schälen Sie die Blätter einzeln vorsichtig ab.
d) In einer Rührschüssel Reis, Hackfleisch, zerdrückten Knoblauch, Salz, Pfeffer, gemahlenen Piment, Kreuzkümmel, Zimt, Muskatnuss und Olivenöl vermischen.
e) Mischen Sie die Zutaten gründlich.
f) Auf jedes Kohlblatt einen Löffel der Füllmischung geben.
g) Falten Sie die Seiten des Kohlblatts über die Füllung und rollen Sie es fest auf, sodass eine gefüllte Kohlroulade entsteht.
h) Den Boden eines großen Topfes mit Lammkoteletts oder Lammfleisch mit Knochen auslegen.
i) Die gefüllten Kohlrouladen schichtweise auf das Lamm legen.
j) Drücken Sie die Knoblauchzehen leicht zusammen, um etwas Aroma freizusetzen, und legen Sie sie zwischen die gefüllten Kohlrouladen.
k) Fügen Sie so viel Wasser hinzu, dass die gefüllten Kohlrouladen bedeckt sind.
l) Bei schwacher Hitze köcheln lassen, bis der Reis gar ist und die Aromen verschmelzen.
m) Nach dem Garen die gefüllten Kohlrouladen mit Zitronenscheiben und einem Spritzer Zitronensaft servieren.

33. Qalayet Banadora (Tomateneintopf)

ZUTATEN:
- 4 große Tomaten, gewürfelt
- 1 Zwiebel, fein gehackt
- 3 Knoblauchzehen, gehackt
- 2 Esslöffel Olivenöl
- 1 Teelöffel gemahlener Koriander
- 1 Teelöffel gemahlener Kreuzkümmel
- Salz und Pfeffer nach Geschmack
- Frische Petersilie zum Garnieren

ANWEISUNGEN:
a) In einer Pfanne die gehackte Zwiebel und den gehackten Knoblauch in Olivenöl anbraten, bis sie weich sind.
b) Gewürfelte Tomaten in die Pfanne geben und kochen, bis sie ihren Saft abgeben.
c) Mit gemahlenem Koriander, Kreuzkümmel, Salz und Pfeffer würzen. Gut umrühren.
d) Den Eintopf köcheln lassen, bis die Tomaten vollständig gar sind und die Soße eindickt.
e) Vor dem Servieren mit frischer Petersilie garnieren.

34. Eingelegte grüne Olive

ZUTATEN:

- 2 Tassen grüne Oliven
- 1 Tasse Wasser
- 1 Tasse weißer Essig
- 1 Esslöffel Salz
- 2 Knoblauchzehen, zerdrückt
- 1 Teelöffel Koriandersamen
- 1 Teelöffel Fenchelsamen
- 1 Teelöffel rote Paprikaflocken (optional)

ANWEISUNGEN:

a) Die grünen Oliven abspülen und abtropfen lassen.
b) In einem Topf Wasser, Essig, Salz, Knoblauch, Koriandersamen, Fenchelsamen und rote Pfefferflocken (falls verwendet) vermischen. Zum Kochen bringen.
c) Die grünen Oliven zur kochenden Mischung geben und 5-10 Minuten köcheln lassen.
d) Lassen Sie die Mischung abkühlen und geben Sie dann die Oliven und die Flüssigkeit in ein sterilisiertes Glas.
e) Verschließen Sie das Glas und stellen Sie es vor dem Verzehr mindestens 24 Stunden lang in den Kühlschrank.

35. Moussaka

ZUTATEN:
- 2 große Auberginen, in Scheiben geschnitten
- 1 Pfund Lamm- oder Rinderhackfleisch
- 1 Zwiebel, fein gehackt
- 3 Knoblauchzehen, gehackt
- 2 große Tomaten, gewürfelt
- 1/2 Tasse Tomatenmark
- 1 Teelöffel gemahlener Zimt
- Salz und Pfeffer nach Geschmack
- Olivenöl zum Braten

ANWEISUNGEN:
a) Die Auberginenscheiben salzen und 30 Minuten ruhen lassen, um überschüssige Feuchtigkeit zu entfernen. Spülen und trocken tupfen.
b) In einer Pfanne Olivenöl erhitzen und die Auberginenscheiben goldbraun braten. Beiseite legen.
c) In derselben Pfanne das Hackfleisch, die gehackte Zwiebel und den gehackten Knoblauch anbraten, bis sie braun sind.
d) Gewürfelte Tomaten, Tomatenmark, gemahlenen Zimt, Salz und Pfeffer hinzufügen. Kochen, bis die Mischung eindickt.
e) In einer Auflaufform die gebratenen Auberginenscheiben und die Fleischmischung schichten.
f) Im vorgeheizten Ofen bei 175 °C (350 °F) etwa 30 Minuten lang backen oder bis sich Blasen bilden.

36. Linsen- und Kürbissuppe

ZUTATEN:
- 1 Tasse rote Linsen
- 2 Tassen gewürfelter Kürbis
- 1 Zwiebel, gehackt
- 3 Knoblauchzehen, gehackt
- 1 Teelöffel gemahlener Kreuzkümmel
- 1 Teelöffel gemahlener Koriander
- 6 Tassen Gemüsebrühe
- Salz und Pfeffer nach Geschmack
- Olivenöl zum Anbraten

ANWEISUNGEN:
a) In einem Topf gehackte Zwiebeln und gehackten Knoblauch in Olivenöl anbraten, bis sie weich sind.
b) Gewürfelten Kürbis, rote Linsen, gemahlenen Kreuzkümmel, gemahlenen Koriander, Salz und Pfeffer hinzufügen. Gut umrühren.
c) Mit der Gemüsebrühe aufgießen und zum Kochen bringen. Hitze reduzieren und köcheln lassen, bis Linsen und Kürbis weich sind.
d) Mit einem Stabmixer die Suppe auf die gewünschte Konsistenz pürieren.
e) Bei Bedarf nachwürzen und heiß servieren.

37. Würziger Gazan-Fisch

ZUTATEN:
- 4 Fischfilets (z. B. Wolfsbarsch oder Zackenbarsch)
- 2 Esslöffel Olivenöl
- 1 Zwiebel, fein gehackt
- 3 Knoblauchzehen, gehackt
- 2 Tomaten, gewürfelt
- 1 Teelöffel gemahlener Kreuzkümmel
- 1 Teelöffel gemahlener Koriander
- 1 Teelöffel Paprika
- 1/2 Teelöffel Cayennepfeffer
- Salz und Pfeffer nach Geschmack
- Frischer Koriander zum Garnieren

ANWEISUNGEN:
a) In einer Pfanne gehackte Zwiebeln und gehackten Knoblauch in Olivenöl anbraten, bis sie weich sind.
b) Gewürfelte Tomaten, gemahlenen Kreuzkümmel, gemahlenen Koriander, Paprika, Cayennepfeffer, Salz und Pfeffer hinzufügen. Kochen, bis die Tomaten zerfallen.
c) Fischfilets mit Salz und Pfeffer würzen und dann mit der Tomatenmischung in die Pfanne geben.
d) Kochen Sie den Fisch, bis er undurchsichtig ist und sich mit einer Gabel leicht zerteilen lässt.
e) Vor dem Servieren mit frischem Koriander garnieren.

38. Garnelenschale

ZUTATEN:
- 1 Pfund große Garnele, geschält und entdarmt
- 2 Tassen gekochter Reis
- 1 Paprika, in Scheiben geschnitten
- 1 Zucchini, in Scheiben geschnitten
- 1 Zwiebel, in Scheiben geschnitten
- 3 Knoblauchzehen, gehackt
- 2 Esslöffel Olivenöl
- 1 Teelöffel gemahlener Kreuzkümmel
- 1 Teelöffel geräuchertes Paprikapulver
- Salz und Pfeffer nach Geschmack
- Frische Zitronenspalten zum Servieren

ANWEISUNGEN:

a) In einer Pfanne geschnittene Paprika, Zucchini und Zwiebeln in Olivenöl anbraten, bis sie weich sind.

b) Gehackten Knoblauch, gemahlenen Kreuzkümmel, geräuchertes Paprikapulver, Salz und Pfeffer hinzufügen. Gut umrühren.

c) Garnelen in die Pfanne geben und kochen, bis sie rosa und undurchsichtig werden.

d) Servieren Sie die Garnelen-Gemüse-Mischung über gekochtem Reis.

e) Drücken Sie vor dem Servieren frischen Zitronensaft über das Gericht.

39.Spinatkuchen

ZUTATEN:

- 2 Tassen gehackter Spinat
- 1 Tasse zerbröckelter Feta-Käse
- 1 Zwiebel, fein gehackt
- 2 Esslöffel Olivenöl
- Salz und Pfeffer nach Geschmack
- 1 Packung vorgefertigter Blätterteig

ANWEISUNGEN:

a) In einer Pfanne gehackte Zwiebeln in Olivenöl anbraten, bis sie weich sind.
b) Gehackten Spinat hinzufügen und kochen, bis er zusammenfällt. Mit Salz und Pfeffer würzen.
c) Vom Herd nehmen und abkühlen lassen. Zerkrümelten Feta-Käse unterrühren.
d) Den Blätterteig ausrollen und in Kreise schneiden. Einen Löffel der Spinatmischung in die Mitte geben.
e) Den Teig über die Füllung falten, sodass eine Halbmondform entsteht. Kanten versiegeln.
f) Nach der Teiganleitung backen oder bis er goldbraun ist.

40. Musakhan

ZUTATEN:
- 4 Hähnchenschenkel
- 1 große Zwiebel, in dünne Scheiben geschnitten
- 1/4 Tasse Olivenöl
- 1 Teelöffel gemahlener Sumach
- 1 Teelöffel gemahlener Kreuzkümmel
- 1 Teelöffel gemahlener Koriander
- Salz und Pfeffer nach Geschmack
- Palästinensisches Fladenbrot (Taboon oder anderes Fladenbrot)
- Gehackte Petersilie und geröstete Pinienkerne zum Garnieren

ANWEISUNGEN:
a) Heizen Sie den Ofen auf 400 °F (200 °C) vor.
b) Hähnchenschenkel mit Sumach, Kreuzkümmel, Koriander, Salz und Pfeffer würzen.
c) In einer Pfanne Olivenöl erhitzen und die geschnittenen Zwiebeln darin anbraten, bis sie karamellisiert sind.
d) Die gewürzten Hähnchenschenkel in die Pfanne geben und von beiden Seiten anbraten.
e) Hähnchen und Zwiebeln auf das Fladenbrot legen. Mit Olivenöl beträufeln.
f) Im Ofen backen, bis das Hähnchen gar ist.
g) Vor dem Servieren mit gehackter Petersilie und gerösteten Pinienkernen garnieren.

41.Thymian Mutabbaq

ZUTATEN:
- 2 Tassen frische Thymianblätter
- 1/2 Tasse Olivenöl
- Salz nach Geschmack
- Palästinensischer Fladenbrotteig oder vorgefertigte Blätter

ANWEISUNGEN:
a) Heizen Sie den Ofen auf 375 °F (190 °C) vor.
b) In einer Schüssel frische Thymianblätter mit Olivenöl und Salz vermischen.
c) Den Fladenteig ausrollen oder vorgefertigte Blätter verwenden.
d) Die Thymianmischung gleichmäßig auf der Hälfte des Teigs verteilen und die andere Hälfte darüberklappen, dabei die Ränder verschließen.
e) Im Ofen backen, bis es goldbraun und knusprig ist.

42. Malfouf

ZUTATEN:
- Kohlblätter
- 1 Tasse Reis, abgespült
- 1/2 Pfund Lamm- oder Rinderhackfleisch
- 1 Zwiebel, fein gehackt
- 2 Esslöffel Tomatenmark
- 2 Esslöffel Olivenöl
- 1 Teelöffel gemahlener Zimt
- Salz und Pfeffer nach Geschmack
- Zitronenschnitze zum Servieren

ANWEISUNGEN:
a) Kohlblätter kochen, bis sie weich sind. Abtropfen lassen und beiseite stellen.
b) In einer Pfanne gehackte Zwiebeln in Olivenöl anbraten, bis sie glasig sind.
c) Hackfleisch hinzufügen und braten, bis es braun ist. Tomatenmark, Zimt, Salz und Pfeffer einrühren.
d) In jedes Kohlblatt einen Löffel der Fleischmischung geben und fest einrollen.
e) Die gefüllten Kohlblätter in einem Topf anrichten. Fügen Sie so viel Wasser hinzu, dass es bedeckt ist.
f) Bei schwacher Hitze köcheln lassen, bis der Reis gar ist und die Kohlrouladen zart sind.
g) Mit Zitronenspalten servieren.

43. Al Qidra Al Khaliliya

ZUTATEN:
- 2 Tassen Basmatireis
- 1/2 Tasse geklärte Butter (Ghee)
- 1 große Zwiebel, in dünne Scheiben geschnitten
- 1,5 Pfund Lamm oder Huhn, in Stücke geschnitten
- 1/2 Tasse Kichererbsen, über Nacht eingeweicht
- 1/2 Tasse ganze Mandeln
- 1/2 Tasse Rosinen
- 1 Teelöffel gemahlener Zimt
- 1 Teelöffel gemahlener Piment
- Salz und Pfeffer nach Geschmack
- 4 Tassen Hühner- oder Rinderbrühe

ANWEISUNGEN:
a) Den Reis abspülen und 30 Minuten in Wasser einweichen. Abfluss.
b) In einem großen Topf geklärte Butter bei mittlerer Hitze schmelzen. In Scheiben geschnittene Zwiebeln dazugeben und goldbraun braten.
c) Fleischstücke hinzufügen und von allen Seiten anbraten.
d) Eingeweichte Kichererbsen, Mandeln, Rosinen, Zimt, Piment, Salz und Pfeffer unterrühren.
e) Den abgetropften Reis in den Topf geben und gut vermischen.
f) Mit der Hühner- oder Rinderbrühe aufgießen und zum Kochen bringen. Hitze reduzieren, abdecken und köcheln lassen, bis der Reis gar ist und die Flüssigkeit aufgesogen ist.
g) Lassen Sie es einige Minuten ruhen und lockern Sie den Reis dann mit einer Gabel auf.
h) Heiß servieren, nach Wunsch mit weiteren Mandeln und Rosinen garniert.

44. Frikadelle: Hackfleisch

ZUTATEN:
- 1 Pfund Hackfleisch (Rind, Lamm oder eine Mischung)
- 1 Zwiebel, fein gehackt
- 2 Knoblauchzehen, gehackt
- 1/2 Tasse Semmelbrösel
- 1/4 Tasse Milch
- 1 Ei
- 1 Teelöffel gemahlener Kreuzkümmel
- 1 Teelöffel Paprika
- Salz und Pfeffer nach Geschmack
- Mehl zum Bestreichen
- Pflanzenöl zum Braten

ANWEISUNGEN:

a) In einer Schüssel Hackfleisch, gehackte Zwiebeln, gehackten Knoblauch, Semmelbrösel, Milch, Ei, gemahlenen Kreuzkümmel, Paprika, Salz und Pfeffer vermengen. Mischen, bis alles gut vermischt ist.

b) Aus der Mischung kleine Pasteten oder Kugeln formen.

c) Rollen Sie jedes Pastetchen in Mehl, um es gleichmäßig zu bedecken.

d) Pflanzenöl in einer Pfanne bei mittlerer Hitze erhitzen.

e) Die Patties auf beiden Seiten goldbraun braten und durchgaren.

f) Auf Papiertüchern abtropfen lassen, um überschüssiges Öl zu entfernen.

g) Heiß mit Ihrer Lieblings-Dip-Sauce servieren.

45. Mejadra

ZUTATEN:
- 1¼ Tassen / 250 g grüne oder braune Linsen
- Zwiebeln (700 g vor dem Schälen)
- 3 EL Allzweckmehl
- etwa 1 Tasse / 250 ml Sonnenblumenöl
- 2 TL Kreuzkümmelsamen
- 1½ EL Koriandersamen
- 1 Tasse / 200 g Basmatireis
- 2 EL Olivenöl
- ½ TL gemahlener Kurkuma
- 1½ TL gemahlener Piment
- 1½ TL gemahlener Zimt
- 1 TL Zucker
- 1½ Tassen / 350 ml Wasser
- Salz und frisch gemahlener schwarzer Pfeffer

ANWEISUNGEN

a) Die Linsen in einen kleinen Topf geben, mit reichlich Wasser bedecken, zum Kochen bringen und 12 bis 15 Minuten kochen, bis die Linsen weich sind, aber noch etwas Biss haben. Abtropfen lassen und beiseite stellen.

b) Die Zwiebeln schälen und in dünne Scheiben schneiden. Auf einen großen, flachen Teller legen, mit Mehl und 1 Teelöffel Salz bestreuen und mit den Händen gut vermischen. Erhitzen Sie das Sonnenblumenöl in einem mittelschweren Topf bei starker Hitze. Stellen Sie sicher, dass das Öl heiß ist, indem Sie ein kleines Stück Zwiebel hineingeben. es sollte kräftig brutzeln. Reduzieren Sie die Hitze auf mittlere bis hohe Temperatur und fügen Sie vorsichtig (es könnte spritzen!) ein Drittel der in Scheiben geschnittenen Zwiebeln hinzu. 5 bis 7 Minuten braten, dabei gelegentlich mit einem Schaumlöffel umrühren, bis die Zwiebel eine schöne goldbraune Farbe annimmt und knusprig wird (passen Sie die Temperatur so an, dass die Zwiebel nicht zu schnell frittiert und anbrennt). Geben Sie die Zwiebel mit dem Löffel in ein mit Papiertüchern ausgelegtes Sieb und bestreuen Sie sie mit etwas mehr Salz. Machen Sie dasselbe mit den anderen beiden Zwiebelchargen; Bei Bedarf noch etwas Öl hinzufügen.

c) Wischen Sie den Topf, in dem Sie die Zwiebel gebraten haben, sauber und geben Sie die Kreuzkümmel- und Koriandersamen hinein. Bei mittlerer Hitze erhitzen und die Samen ein bis zwei Minuten lang rösten. Reis, Olivenöl, Kurkuma, Piment, Zimt, Zucker, ½ Teelöffel Salz und reichlich schwarzen Pfeffer hinzufügen. Rühren Sie um, um den Reis mit dem Öl zu bedecken, und fügen Sie dann die gekochten Linsen und das Wasser hinzu. Zum Kochen bringen, mit einem Deckel abdecken und bei sehr schwacher Hitze 15 Minuten köcheln lassen.

d) Vom Herd nehmen, den Deckel abnehmen und die Pfanne schnell mit einem sauberen Geschirrtuch abdecken. Mit dem Deckel fest verschließen und 10 Minuten ruhen lassen.

e) Zum Schluss die Hälfte der Röstzwiebel zum Reis und den Linsen geben und mit einer Gabel vorsichtig verrühren. Füllen Sie die Mischung in eine flache Servierschüssel und belegen Sie sie mit der restlichen Zwiebel.

46.Na'amas Fattoush

ZUTATEN:
- 1 Tasse / 200 g griechischer Joghurt und ¾ Tasse plus 2 EL / 200 ml Vollmilch oder 1⅔ Tassen / 400 ml Buttermilch (ersetzt sowohl Joghurt als auch Milch)
- 2 große altbackene türkische Fladenbrote oder Naan (insgesamt 250 g)
- 3 große Tomaten (insgesamt 13 oz /380 g), in ⅔-Zoll/1,5 cm große Würfel geschnitten
- 100 g Radieschen, in dünne Scheiben geschnitten
- 3 libanesische Gurken oder Minigurken (insgesamt 250 g), geschält und in 1,5 cm große Würfel geschnitten
- 2 Frühlingszwiebeln, in dünne Scheiben geschnitten
- ½ oz / 15 g frische Minze
- 1 oz / 25 g glatte Petersilie, grob gehackt
- 1 EL getrocknete Minze
- 2 Knoblauchzehen, zerdrückt
- 3 EL frisch gepresster Zitronensaft
- ¼ Tasse / 60 ml Olivenöl, plus etwas zum Beträufeln
- 2 EL Apfel- oder Weißweinessig
- ¾ TL frisch gemahlener schwarzer Pfeffer
- 1½ TL Salz
- 1 EL Sumach oder mehr nach Geschmack zum Garnieren

ANWEISUNGEN:

a) Wenn Sie Joghurt und Milch verwenden, beginnen Sie mindestens 3 Stunden und bis zu einem Tag im Voraus, indem Sie beides in eine Schüssel geben. Gut verquirlen und an einem kühlen Ort oder im Kühlschrank stehen lassen, bis sich auf der Oberfläche Blasen bilden. Was man bekommt, ist eine Art hausgemachte Buttermilch, aber weniger sauer.

b) Das Brot in mundgerechte Stücke reißen und in eine große Rührschüssel geben. Fügen Sie Ihre fermentierte Joghurtmischung oder handelsübliche Buttermilch hinzu, gefolgt von den restlichen Zutaten, vermischen Sie alles gut und lassen Sie es 10 Minuten lang ruhen, damit sich alle Aromen verbinden.

c) Fattoush in Servierschüsseln füllen , mit etwas Olivenöl beträufeln und großzügig mit Sumach garnieren.

47. Babyspinatsalat mit Datteln und Mandeln

ZUTATEN:
- 1 EL Weißweinessig
- ½ mittelgroße rote Zwiebel, in dünne Scheiben geschnitten
- 100 g entkernte Medjool-Datteln, der Länge nach geviertelt
- 2 EL / 30 g ungesalzene Butter
- 2 EL Olivenöl
- 2 kleine Pitas, ca. 100 g , grob in 4 cm große Stücke gerissen
- ½ Tasse / 75 g ganze, ungesalzene Mandeln, grob gehackt
- 2 TL Sumach
- ½ TL Chiliflocken
- 150 g Babyspinatblätter
- 2 EL frisch gepresster Zitronensaft
- Salz

ANWEISUNGEN:
a) Essig, Zwiebel und Datteln in eine kleine Schüssel geben. Eine Prise Salz hinzufügen und mit den Händen gut vermischen. 20 Minuten marinieren lassen, dann den restlichen Essig abgießen und entsorgen.

b) In der Zwischenzeit die Butter und die Hälfte des Olivenöls in einer mittelgroßen Bratpfanne bei mittlerer Hitze erhitzen. Pita und Mandeln hinzufügen und 4 bis 6 Minuten unter ständigem Rühren kochen, bis das Pita knusprig und goldbraun ist. Vom Herd nehmen und Sumach, Chiliflocken und ¼ Teelöffel Salz untermischen. Zum Abkühlen beiseite stellen.

c) Wenn Sie zum Servieren bereit sind, vermengen Sie die Spinatblätter mit der Pita-Mischung in einer großen Rührschüssel. Datteln und rote Zwiebeln, das restliche Olivenöl, den Zitronensaft und eine weitere Prise Salz hinzufügen. Zum Würzen abschmecken und sofort servieren.

48. Gerösteter Butternusskürbis mit Za'atar

ZUTATEN:
- 1 großer Butternusskürbis (insgesamt 2½ lb / 1,1 kg), in ¾ x 2½ Zoll / 2 x 6 cm große Keile geschnitten
- 2 rote Zwiebeln, in 3 cm große Spalten geschnitten
- 3½ EL / 50 ml Olivenöl
- 3½ EL helle Tahinipaste
- 1½ EL Zitronensaft
- 2 EL Wasser
- 1 kleine Knoblauchzehe, zerdrückt
- 3½ EL / 30 g Pinienkerne
- 1 EL Za'atar
- 1 EL grob gehackte glatte Petersilie
- Maldon- Meersalz und frisch gemahlener schwarzer Pfeffer

ANWEISUNGEN:
a) Heizen Sie den Ofen auf 475 °F / 240 °C vor.
b) Den Kürbis und die Zwiebel in eine große Rührschüssel geben, 3 Esslöffel Öl, 1 Teelöffel Salz und etwas schwarzen Pfeffer hinzufügen und gut vermischen. Mit der Haut nach unten auf einem Backblech verteilen und 30 bis 40 Minuten im Ofen rösten, bis das Gemüse etwas Farbe angenommen hat und durchgegart ist. Behalten Sie die Zwiebeln im Auge, da diese möglicherweise schneller garen als der Kürbis und daher früher entfernt werden müssen. Aus dem Ofen nehmen und abkühlen lassen.
c) Für die Soße das Tahini zusammen mit Zitronensaft, Wasser, Knoblauch und ¼ Teelöffel Salz in eine kleine Schüssel geben. Rühren Sie, bis die Sauce die Konsistenz von Honig hat, und fügen Sie bei Bedarf mehr Wasser oder Tahini hinzu.
d) Die restlichen 1½ Teelöffel Öl in eine kleine Bratpfanne geben und bei mittlerer bis niedriger Hitze erhitzen. Die Pinienkerne zusammen mit einem halben Teelöffel Salz hinzufügen und unter häufigem Rühren 2 Minuten kochen lassen, bis die Nüsse goldbraun sind. Vom Herd nehmen und die Nüsse und das Öl in eine kleine Schüssel geben, um das Kochen zu stoppen.
e) Zum Servieren das Gemüse auf einer großen Servierplatte verteilen und mit dem Tahini beträufeln. Streuen Sie die Pinienkerne und ihr Öl darüber, gefolgt von Za'atar und Petersilie.

49. Gemischter Bohnensalat

ZUTATEN:
- 10 oz / 280 g gelbe Bohnen, geputzt (falls nicht verfügbar, doppelte Menge grüne Bohnen)
- 10 oz / 280 g grüne Bohnen, geputzt
- 2 rote Paprika, in 0,5 cm dicke Streifen geschnitten
- 3 EL Olivenöl, plus 1 TL für die Paprika
- 3 Knoblauchzehen, in dünne Scheiben geschnitten
- 6 EL / 50 g Kapern, abgespült und trocken getupft
- 1 TL Kreuzkümmelsamen
- 2 TL Koriandersamen
- 4 Frühlingszwiebeln, in dünne Scheiben geschnitten
- ⅓ Tasse / 10 g Estragon, grob gehackt
- ⅔ Tasse / 20 g gepflückte Kerbelblätter (oder eine Mischung aus gepflücktem Dill und geriebener Petersilie)
- abgeriebene Schale von 1 Zitrone
- Salz und frisch gemahlener schwarzer Pfeffer

ANWEISUNGEN:

a) Den Ofen auf 220 °C vorheizen.
b) Einen großen Topf mit reichlich Wasser zum Kochen bringen und die gelben Bohnen hinzufügen. Nach 1 Minute die grünen Bohnen hinzufügen und weitere 4 Minuten kochen, oder bis die Bohnen gar, aber noch knusprig sind. Unter eiskaltem Wasser abschrecken, abtropfen lassen, trocken tupfen und in eine große Rührschüssel geben.
c) In der Zwischenzeit die Paprikaschoten in 1 Teelöffel Öl wenden, auf einem Backblech verteilen und für 5 Minuten oder bis sie weich sind in den Ofen geben. Aus dem Ofen nehmen und mit den gekochten Bohnen in die Schüssel geben.
d) Erhitzen Sie die 3 Esslöffel Olivenöl in einem kleinen Topf. Den Knoblauch hinzufügen und 20 Sekunden kochen lassen; Die Kapern hinzufügen (Vorsicht, sie spucken!) und weitere 15 Sekunden braten. Kreuzkümmel und Koriandersamen hinzufügen und weitere 15 Sekunden weiterbraten. Der Knoblauch sollte mittlerweile goldbraun geworden sein. Vom Herd nehmen und den Inhalt der Pfanne sofort über die Bohnen gießen. Die Frühlingszwiebeln, Kräuter, Zitronenschale, großzügig ¼ Teelöffel Salz und schwarzen Pfeffer vermengen und hinzufügen.
e) Servieren oder bis zu einem Tag im Kühlschrank aufbewahren. Denken Sie daran, es vor dem Servieren wieder auf Zimmertemperatur zu bringen.

50.Wurzelgemüsesalat mit Labneh

ZUTATEN:
- 3 mittelgroße Rüben (insgesamt 450 g)
- 2 mittelgroße Karotten (insgesamt 250 g)
- ½ Selleriewurzel (insgesamt 10 oz / 300 g)
- 1 mittelgroßer Kohlrabi (insgesamt 250 g)
- 4 EL frisch gepresster Zitronensaft
- 4 EL Olivenöl
- 3 EL Sherryessig
- 2 TL feinster Zucker
- ¾ Tasse / 25 g Korianderblätter, grob gehackt
- ¾ Tasse / 25 g Minzblätter, zerkleinert
- ⅔ Tasse / 20 g glatte Petersilienblätter, grob gehackt
- ½ EL abgeriebene Zitronenschale
- 1 Tasse / 200 g Labneh (im Laden gekauft oder siehe Rezept)
- Salz und frisch gemahlener schwarzer Pfeffer
- Schälen Sie das gesamte Gemüse und schneiden Sie es in dünne Scheiben, etwa 1/16 der kleinen scharfen Chilischote , fein gehackt

ANWEISUNGEN:

a) Zitronensaft, Olivenöl, Essig, Zucker und 1 Teelöffel Salz in einen kleinen Topf geben. Leicht köcheln lassen und rühren, bis sich der Zucker und das Salz aufgelöst haben. Vom Herd nehmen.

b) Die Gemüsestreifen abtropfen lassen und auf ein Papiertuch legen, damit sie gut trocknen können. Trocknen Sie die Schüssel ab und ersetzen Sie das Gemüse. Das heiße Dressing über das Gemüse gießen, gut vermischen und abkühlen lassen. Für mindestens 45 Minuten in den Kühlschrank stellen.

c) Zum Servieren die Kräuter, Zitronenschale und 1 Teelöffel schwarzen Pfeffer zum Salat geben. Gut umrühren, abschmecken und bei Bedarf noch mehr Salz hinzufügen. Auf Servierteller stapeln und mit etwas Labneh als Beilage servieren.

51. Gebratene Tomaten mit Knoblauch

ZUTATEN:
- 3 große Knoblauchzehen, zerdrückt
- ½ kleine scharfe Chilischote , fein gehackt
- 2 EL gehackte glatte Petersilie
- 3 große, reife, aber feste Tomaten (insgesamt etwa 450 g)
- 2 EL Olivenöl
- Maldon- Meersalz und frisch gemahlener schwarzer Pfeffer
- rustikales Brot zum Servieren

ANWEISUNGEN:

a) Knoblauch, Chili und gehackte Petersilie in einer kleinen Schüssel vermischen und beiseite stellen. Die Tomaten bedecken und mit dem Schwanz versehen und vertikal in etwa 1,5 cm dicke Scheiben schneiden.

b) Das Öl in einer großen Bratpfanne bei mittlerer Hitze erhitzen. Die Tomatenscheiben hinzufügen, mit Salz und Pfeffer würzen und etwa 1 Minute kochen lassen, dann umdrehen, erneut mit Salz und Pfeffer würzen und mit der Knoblauchmischung bestreuen. Kochen Sie noch etwa eine Minute lang weiter, schütteln Sie dabei gelegentlich die Pfanne, wenden Sie die Scheiben dann erneut und kochen Sie sie noch ein paar Sekunden lang, bis sie weich, aber nicht matschig sind.

c) Die Tomaten auf einen Servierteller stürzen, den Saft aus der Pfanne darübergießen und sofort zusammen mit dem Brot servieren.

52. Gebratener Blumenkohl mit Tahini

ZUTATEN:
- 2 Tassen / 500 ml Sonnenblumenöl
- 2 mittelgroße Blumenkohlköpfe (insgesamt 1 kg), aufgeteilt in kleine Röschen
- 8 Frühlingszwiebeln, jeweils in 3 lange Segmente geteilt
- ¾ Tasse / 180 g leichte Tahinipaste
- 2 Knoblauchzehen, zerdrückt
- ¼ Tasse / 15 g glatte Petersilie, gehackt
- ¼ Tasse / 15 g gehackte Minze, plus etwas zum Schluss
- ⅔ Tasse / 150 g griechischer Joghurt
- ¼ Tasse / 60 ml frisch gepresster Zitronensaft, plus abgeriebene Schale einer Zitrone
- 1 TL Granatapfelmelasse und etwas mehr zum Schluss
- etwa ¾ Tasse / 180 ml Wasser
- Maldon- Meersalz und frisch gemahlener schwarzer Pfeffer

ANWEISUNGEN:

a) Erhitzen Sie das Sonnenblumenöl in einem großen Topf bei mittlerer bis hoher Hitze. Geben Sie mit einer Metallzange oder einem Metalllöffel vorsichtig jeweils ein paar Blumenkohlröschen in das Öl und kochen Sie sie 2 bis 3 Minuten lang. Drehen Sie sie dabei um, damit sie gleichmäßig färben. Sobald die Röschen goldbraun sind, heben Sie sie mit einem Schaumlöffel in ein Sieb und lassen sie abtropfen. Mit etwas Salz bestreuen. Fahren Sie in Portionen fort, bis Sie den ganzen Blumenkohl aufgegessen haben. Als nächstes braten Sie die Frühlingszwiebeln portionsweise an, jedoch nur etwa 1 Minute lang. Zum Blumenkohl hinzufügen. Beides etwas abkühlen lassen.

b) Gießen Sie die Tahini-Paste in eine große Rührschüssel und fügen Sie Knoblauch, gehackte Kräuter, Joghurt, Zitronensaft und -schale, Granatapfelmelasse sowie etwas Salz und Pfeffer hinzu. Rühren Sie mit einem Holzlöffel gut um, während Sie das Wasser hinzufügen. Die Tahini-Sauce wird dicker und lockert sich dann auf, wenn Sie Wasser hinzufügen. Geben Sie nicht zu viel hinzu, sondern gerade genug, um eine dicke, aber dennoch glatte, gießbare Konsistenz zu erhalten, die ein bisschen an Honig erinnert.

c) Blumenkohl und Frühlingszwiebeln zum Tahini geben und gut verrühren. Abschmecken und nachwürzen. Möglicherweise möchten Sie auch mehr Zitronensaft hinzufügen.

d) Zum Servieren in eine Servierschüssel geben und mit ein paar Tropfen Granatapfelmelasse und etwas Minze abschließen.

53. Tabouleh

ZUTATEN:
- ½ Tasse / 30 g feiner Bulgurweizen
- 2 große Tomaten, reif, aber fest (insgesamt 10½ oz / 300 g)
- 1 Schalotte, fein gehackt (insgesamt 3 EL / 30 g)
- 3 EL frisch gepresster Zitronensaft, plus etwas mehr zum Schluss
- 4 große Bund glatte Petersilie (insgesamt 5½ oz /160 g)
- 2 Bund Minze (insgesamt 1 oz / 30 g)
- 2 TL gemahlener Piment
- 1 TL Baharat- Gewürzmischung (im Laden gekauft oder siehe Rezept)
- ½ Tasse / 80 ml hochwertiges Olivenöl
- Kerne von etwa ½ großen Granatäpfeln (insgesamt ½ Tasse / 70 g), optional
- Salz und frisch gemahlener schwarzer Pfeffer

ANWEISUNGEN:

a) Geben Sie den Bulgur in ein feines Sieb und lassen Sie ihn unter kaltem Wasser laufen, bis das austretende Wasser klar aussieht und der größte Teil der Stärke entfernt wurde. In eine große Rührschüssel umfüllen.

b) Schneiden Sie die Tomaten mit einem kleinen gezackten Messer in 0,5 cm dicke Scheiben. Schneiden Sie jede Scheibe in 0,5 cm dicke Streifen und dann in Würfel. Die Tomaten und deren Saft zusammen mit der Schalotte und dem Zitronensaft in die Schüssel geben und gut umrühren.

c) Nehmen Sie ein paar Zweige Petersilie und packen Sie sie fest zusammen. Schneiden Sie die meisten Stiele mit einem großen, sehr scharfen Messer ab und entsorgen Sie sie. Bewegen Sie nun mit dem Messer die Stängel und Blätter nach oben und „füttern" Sie das Messer nach und nach, um die Petersilie so fein wie möglich zu zerkleinern. Vermeiden Sie es, Stücke zu schneiden, die breiter als 1/16 Zoll / 1 mm sind. In die Schüssel geben.

d) Pflücken Sie die Minzblätter von den Stielen, packen Sie ein paar fest zusammen und raspeln Sie sie wie die Petersilie fein. Schneiden Sie sie nicht zu stark, da sie sonst zur Verfärbung neigen. In die Schüssel geben.

e) Zum Schluss Piment, Baharat , Olivenöl, Granatapfel (falls verwendet) sowie etwas Salz und Pfeffer hinzufügen. Probieren Sie es ab, fügen Sie nach Belieben mehr Salz und Pfeffer hinzu, möglicherweise etwas Zitronensaft, und servieren Sie es.

54.Sabih

ZUTATEN:
- 2 große Auberginen (insgesamt ca. 750 g)
- etwa 1¼ Tassen / 300 ml Sonnenblumenöl
- 4 Scheiben hochwertiges Weißbrot, getoastet oder frische und saftige Mini-Pita
- 1 Tasse / 240 ml Tahini-Sauce
- 4 große Eier aus Freilandhaltung, hartgekocht, geschält und in 1 cm dicke Scheiben geschnitten oder geviertelt
- etwa 4 EL Zhoug
- Amba oder herzhafte Mangogurke (optional)
- Salz und frisch gemahlener schwarzer Pfeffer

GEHACKTER SALAT
- 2 mittelreife Tomaten, in 1 cm große Würfel geschnitten (insgesamt etwa 1 Tasse / 200 g)
- 2 Minigurken, in 1 cm große Würfel geschnitten (insgesamt etwa 1 Tasse / 120 g)
- 2 Frühlingszwiebeln, in dünne Scheiben geschnitten
- 1½ EL gehackte glatte Petersilie
- 2 TL frisch gepresster Zitronensaft
- 1½ EL Olivenöl

ANWEISUNGEN:

a) Mit einem Gemüseschäler Streifen der Auberginenschale von oben nach unten abziehen, sodass auf den Auberginen abwechselnd Streifen aus schwarzer Schale und weißem Fruchtfleisch zurückbleiben, die wie Zebras aussehen . Schneiden Sie beide Auberginen der Breite nach in 2,5 cm dicke Scheiben. Bestreuen Sie sie auf beiden Seiten mit Salz, verteilen Sie sie dann auf einem Backblech und lassen Sie sie mindestens 30 Minuten lang stehen, um etwas Wasser zu entfernen. Wischen Sie sie mit Papiertüchern ab.

b) Das Sonnenblumenöl in einer breiten Bratpfanne erhitzen. Vorsichtig – das Öl spritzt – die Auberginenscheiben portionsweise schön dunkel braten, dabei einmal wenden, insgesamt 6 bis 8 Minuten . Fügen Sie bei Bedarf Öl hinzu, während Sie die Chargen kochen. Wenn die Auberginenstücke fertig sind, sollten sie in der Mitte ganz zart sein. Aus der Pfanne nehmen und auf Papiertüchern abtropfen lassen.

c) Bereiten Sie den gehackten Salat zu, indem Sie alle Zutaten vermischen und mit Salz und Pfeffer abschmecken.

d) Kurz vor dem Servieren 1 Scheibe Brot oder Pita auf jeden Teller legen. 1 Esslöffel Tahini-Sauce über jede Scheibe geben und die Auberginenscheiben überlappend darauf anordnen. Noch etwas Tahini darüber träufeln, aber die Auberginenscheiben nicht vollständig bedecken. Jede Eierscheibe mit Salz und Pfeffer würzen und über der Aubergine anrichten. Etwas mehr Tahini darüber träufeln und so viel Zhoug darüber löffeln , wie Sie möchten; Vorsicht, es ist heiß! Nach Belieben auch Mangogurke darüber geben. Servieren Sie den Gemüsesalat als Beilage und geben Sie nach Belieben etwas davon auf jede Portion.

SUPPEN

55. Bissara (Ackerbohnensuppe)

ZUTATEN:
- 2 Tassen getrocknete Ackerbohnen, über Nacht eingeweicht
- 1 Zwiebel, fein gehackt
- 3 Knoblauchzehen, gehackt
- 1/4 Tasse Olivenöl
- 1 Teelöffel Kreuzkümmel
- Salz und Pfeffer nach Geschmack
- Zitronenschnitze zum Servieren

ANWEISUNGEN:
a) Die eingeweichten Ackerbohnen abgießen und abspülen.
b) In einem großen Topf die gehackte Zwiebel und den gehackten Knoblauch in Olivenöl goldbraun anbraten.
c) Die Ackerbohnen in den Topf geben und mit Wasser bedecken.
d) Zum Kochen bringen, dann die Hitze reduzieren und köcheln lassen, bis die Bohnen weich sind (ca. 1–2 Stunden).
e) Mit einem Mixer oder Stabmixer die Suppe glatt pürieren.
f) Nach Geschmack Kreuzkümmel, Salz und Pfeffer hinzufügen. Passen Sie die Konsistenz bei Bedarf mit Wasser an.
g) Heiß mit einem Schuss Olivenöl und Zitronenschnitzen servieren.

56. Shorbat Adas (Linsensuppe)

ZUTATEN:
- 1 Tasse rote Linsen, abgespült
- 1 große Zwiebel, fein gehackt
- 2 Karotten, gewürfelt
- 2 Knoblauchzehen, gehackt
- 1 Teelöffel gemahlener Kreuzkümmel
- 1 Teelöffel gemahlener Koriander
- 6 Tassen Gemüse- oder Hühnerbrühe
- Olivenöl
- Salz und Pfeffer nach Geschmack
- Zitronenspalten zum Servieren

ANWEISUNGEN:
a) In einem Topf Zwiebeln und Knoblauch in Olivenöl anbraten, bis sie weich sind.
b) Linsen, Karotten, Kreuzkümmel, Koriander, Salz und Pfeffer hinzufügen. Zum Kombinieren umrühren.
c) Mit der Brühe aufgießen und zum Kochen bringen. Hitze reduzieren und köcheln lassen, bis die Linsen weich sind.
d) Wenn Sie eine glattere Konsistenz bevorzugen, pürieren Sie die Suppe. Mit einem Spritzer Zitrone servieren.

57.Shorbat Freekeh (Freekeh-Suppe)

ZUTATEN:
- 1 Tasse Freekeh , abgespült
- 1 Pfund Lamm oder Huhn, gewürfelt
- 1 Zwiebel, fein gehackt
- 2 Karotten, gewürfelt
- 2 Esslöffel Olivenöl
- 6 Tassen Wasser oder Brühe
- Salz und Pfeffer nach Geschmack
- Frische Petersilie zum Garnieren

ANWEISUNGEN:
a) In einem Topf Zwiebeln in Olivenöl glasig dünsten. Fleisch hinzufügen und anbraten.
b) Freekeh , Karotten, Salz und Pfeffer hinzufügen . Gut umrühren.
c) Wasser oder Brühe angießen und zum Kochen bringen. Hitze reduzieren und köcheln lassen, bis Freekeh gar ist.
d) Vor dem Servieren mit frischer Petersilie garnieren.

58. Shorbat Khodar (Gemüsesuppe)

ZUTATEN:
- 1 Zucchini, gewürfelt
- 2 Karotten, gewürfelt
- 1 Kartoffel, gewürfelt
- 1 Zwiebel, fein gehackt
- 2 Tomaten, gehackt
- 2 Esslöffel Olivenöl
- 6 Tassen Gemüsebrühe
- 1/2 Tasse Fadennudeln oder kleine Nudeln
- Salz und Pfeffer nach Geschmack
- Frische Minze zum Garnieren

ANWEISUNGEN:
a) In einem Topf Zwiebeln in Olivenöl anbraten, bis sie weich sind. Zucchini, Karotten und Kartoffeln hinzufügen.
b) Tomaten, Brühe, Salz und Pfeffer einrühren. Zum Kochen bringen.
c) Fadennudeln hinzufügen und kochen, bis Gemüse und Nudeln weich sind.
d) Vor dem Servieren mit frischer Minze garnieren.

59. Bee t Kubbeh (Kubbeh-Suppe)

ZUTATEN:
FÜR DEN KUBBEH:
- 1 große gelbe Zwiebel, sehr fein gehackt
- ¾ Pfund Rinderhackfleisch
- 1 Teelöffel koscheres Salz
- ½ Teelöffel frisch gemahlener schwarzer Pfeffer, plus mehr nach Geschmack
- 1 Teelöffel Baharat
- ¼ Tasse gehackte Sellerieblätter (optional)
- 3 Tassen feines Grießmehl
- 1 ½ Tassen Wasser, geteilt
- 1 Esslöffel Rapsöl

FÜR DIE SUPPE:
- 1 Esslöffel Rapsöl
- 1 große gelbe Zwiebel, fein gehackt
- 3 große Rüben, geschält und in 1/2-Zoll-Stücke gewürfelt
- 3 Liter Wasser
- 1 Esslöffel Kristallzucker
- 4 Teelöffel koscheres Salz
- Frisch gemahlener schwarzer Pfeffer
- 3 Esslöffel frischer Zitronensaft, teilen
- Gehackte Sellerieblätter (optional)

ANWEISUNGEN:

a) Machen Sie die Kubbeh-Füllung: Legen Sie eine gehackte Zwiebel in ein sauberes Küchentuch. Arbeiten Sie über der Spüle oder einer Schüssel und drücken Sie so viel Flüssigkeit wie möglich aus und entsorgen Sie sie. Die Zwiebeln in eine große Schüssel geben. Geben Sie das Rindfleisch zusammen mit Salz, Pfeffer, Baharat und gegebenenfalls gehackten Sellerieblättern in die große Schüssel. Mit den Händen vermischen, bis alles gut vermischt ist, dann die Schüssel abdecken und 30 Minuten in den Kühlschrank stellen.

b) Machen Sie die Kubbeh-Pastetchen: Mischen Sie 3 Tassen Grießmehl, 1 Tasse Wasser, 1 Teelöffel Salz und 1 Esslöffel Öl in einer mittelgroßen Schüssel, bis eine glatte Masse entsteht. Die Mischung in der Schüssel verkneten, bis ein feuchter, aber nicht klebriger Teig entsteht. Wenn sich der Teig klebrig anfühlt, kneten Sie zusätzlich 1 Teelöffel Grießmehl unter. Wenn sich der Teig trocken anfühlt, fügen Sie jeweils 1 Teelöffel Wasser hinzu.

c) Den Teig in zwei Stücke schneiden und eines davon abgedeckt halten. Rollen Sie das andere Teigstück auf einer leicht mit Grießmehl bestäubten Arbeitsfläche oder zwischen zwei Stücken Wachspapier aus, bis es ⅛ Zoll dick ist. Schneiden Sie etwa 5 cm große Kreise aus und legen Sie die ausgeschnittenen Stücke auf ein Stück Wachspapier. Rollen Sie den Rest erneut auf und schneiden Sie so lange Kreise, bis der Teig aufgebraucht ist. Sie können die ausgeschnittenen Kreise zwischen Lagen Wachspapier stapeln.

d) 1 bis 2 Backbleche mit Backpapier auslegen. Nehmen Sie die Kubbeh-Füllung aus dem Kühlschrank. Befeuchten Sie Ihre Hände nach Bedarf, damit die Mischung nicht klebt, schneiden Sie ein kleines Stück der Kubbeh-Füllung ab und rollen Sie sie vorsichtig zu einer 2,5 cm großen Kugel. Legen Sie die Kugel mit der Kubbeh-Füllung in die Mitte einer ausgerollten Teigrunde und drücken Sie sie zusammen, um die Enden zu verschließen. Rollen Sie die Kugel vorsichtig in Ihren Händen zu einer Kugel, um sicherzustellen, dass das Fleisch im Teig versiegelt ist. Auf das vorbereitete Blech legen. Wiederholen Sie das Rollen, Füllen und Formen, bis die restliche Kubbeh-Füllung und der restliche Teig aufgebraucht sind. Wenn Sie planen, diese Kubbeh innerhalb von 12 Stunden zu kochen, stellen Sie sie in den Kühlschrank. Wenn Sie länger warten möchten, frieren Sie das Kubbeh etwa zwei Stunden lang auf dem Blech ein, bis es fest ist. Geben Sie es dann in einen luftdichten Behälter und frieren Sie es ein, bis es zum Kochen bereit ist.

e) Wiederholen Sie die Schritte 2 bis 4, bis die gesamte Teig- und Rindfleischmischung aufgebraucht ist.

f) Suppe zubereiten: In einem großen Suppentopf 1 Esslöffel Öl bei mittlerer Hitze erhitzen. Eine gehackte Zwiebel ca. 4 Minuten anbraten , bis sie glasig ist. Fügen Sie die Rüben hinzu und braten Sie sie etwa 7 bis 8 Minuten lang an, bis sie weich sind. Wasser, die Hälfte des Zitronensafts, Zucker, Salz, Pfeffer und gegebenenfalls Sellerieblätter hinzufügen und die Mischung zum Kochen bringen. Geben Sie das Kubbeh vorsichtig in die Suppe, reduzieren Sie die Hitze auf eine niedrige Stufe und decken Sie den Topf ab. Etwa 50 Minuten köcheln lassen, bis das Kubbeh und die Rüben gar sind.

g) Die Suppe mit mehr Salz und Pfeffer abschmecken. Den restlichen Zitronensaft hinzufügen und die Suppe sofort mit ein paar Kubbeh pro Portion servieren.

60.Shorbat Khodar (Gemüsesuppe)

ZUTATEN:
- 1 Zwiebel, gehackt
- 2 Karotten, gewürfelt
- 2 Zucchini, gewürfelt
- 1 Kartoffel, gewürfelt
- 1/2 Tasse grüne Bohnen, gehackt
- 1/4 Tasse Linsen
- 1 Teelöffel gemahlener Kreuzkümmel
- 1 Teelöffel gemahlener Koriander
- 6 Tassen Gemüsebrühe
- Frische Petersilie, gehackt (zum Garnieren)
- Olivenöl zum Beträufeln
- Salz und Pfeffer nach Geschmack

ANWEISUNGEN:
a) In einem Topf die Zwiebeln glasig dünsten.
b) Karotten, Zucchini, Kartoffeln, grüne Bohnen, Linsen, Kreuzkümmel und Koriander hinzufügen. Gut umrühren.
c) Mit der Gemüsebrühe aufgießen und zum Kochen bringen. Hitze reduzieren und köcheln lassen, bis das Gemüse weich ist.
d) Mit Salz und Pfeffer würzen. Vor dem Servieren mit frischer Petersilie garnieren und mit Olivenöl beträufeln.

61.Gemüse- Shurbah

ZUTATEN:
- 2 Esslöffel Pflanzenöl
- 1 Zwiebel, fein gehackt
- 2 Karotten, geschält und gewürfelt
- 2 Kartoffeln, geschält und gewürfelt
- 1 Zucchini, gewürfelt
- 1 Tasse grüne Bohnen, gehackt
- 2 Tomaten, gewürfelt
- 3 Knoblauchzehen, gehackt
- 1 Teelöffel gemahlener Kreuzkümmel
- 1 Teelöffel gemahlener Koriander
- 1 Teelöffel gemahlener Kurkuma
- Salz und Pfeffer nach Geschmack
- 6 Tassen Gemüsebrühe
- 1/2 Tasse Fadennudeln oder kleine Nudeln
- Frische Petersilie zum Garnieren

ANWEISUNGEN:
a) In einem großen Topf Pflanzenöl bei mittlerer Hitze erhitzen. Gehackte Zwiebeln und gehackten Knoblauch hinzufügen und anbraten, bis sie weich sind.
b) Gewürfelte Karotten, Kartoffeln, Zucchini, grüne Bohnen und Tomaten in den Topf geben. Unter gelegentlichem Rühren etwa 5 Minuten kochen lassen.
c) Streuen Sie gemahlenen Kreuzkümmel, Koriander, Kurkuma, Salz und Pfeffer über das Gemüse. Gut umrühren, um das Gemüse mit den Gewürzen zu überziehen.
d) Mit der Gemüsebrühe aufgießen und die Mischung zum Kochen bringen. Sobald es kocht, reduzieren Sie die Hitze auf köcheln und lassen Sie es etwa 15 bis 20 Minuten kochen, bis das Gemüse weich ist.
e) Fadennudeln oder kleine Nudeln in den Topf geben und nach Packungsanweisung al dente kochen.
f) Passen Sie die Gewürze bei Bedarf an und lassen Sie die Suppe weitere 5 Minuten köcheln, damit sich die Aromen vermischen.
g) Heiß servieren, garniert mit frischer Petersilie.

62. Brunnenkresse-Kichererbsen-Suppe mit Rosenwasser

ZUTATEN:
- 2 mittelgroße Karotten (insgesamt 250 g), in 2 cm große Würfel geschnitten
- 3 EL Olivenöl
- 2½ TL Ras el Hanout
- ½ TL gemahlener Zimt
- 1½ Tassen / 240 g gekochte Kichererbsen, frisch oder aus der Dose
- 1 mittelgroße Zwiebel, in dünne Scheiben geschnitten
- 2½ EL / 15 g geschälter und fein gehackter frischer Ingwer
- 2½ Tassen / 600 ml Gemüsebrühe
- 7 oz / 200 g Brunnenkresse
- 3½ oz / 100 g Spinatblätter
- 2 TL feinster Zucker
- 1 TL Rosenwasser
- Salz
- Griechischer Joghurt zum Servieren (optional)
- Heizen Sie den Ofen auf 220 °C vor.

ANWEISUNGEN

a) Die Karotten mit 1 Esslöffel Olivenöl, Ras el Hanout, Zimt und einer großzügigen Prise Salz vermischen und flach in einer mit Backpapier ausgelegten Bratpfanne verteilen. Für 15 Minuten in den Ofen geben, dann die Hälfte der Kichererbsen dazugeben, gut umrühren und weitere 10 Minuten garen, bis die Karotte weich, aber noch bissig ist.

b) In der Zwischenzeit die Zwiebel und den Ingwer in einen großen Topf geben. Mit dem restlichen Olivenöl etwa 10 Minuten bei mittlerer Hitze anbraten, bis die Zwiebel ganz weich und goldbraun ist. Die restlichen Kichererbsen, Brühe, Brunnenkresse, Spinat, Zucker und ¾ Teelöffel Salz hinzufügen, gut umrühren und zum Kochen bringen. Ein oder zwei Minuten kochen lassen, bis die Blätter welk sind.

c) Mit einer Küchenmaschine oder einem Mixer die Suppe pürieren, bis eine glatte Masse entsteht. Das Rosenwasser hinzufügen, umrühren, abschmecken und nach Belieben noch mehr Salz oder Rosenwasser hinzufügen. Beiseite stellen, bis die Karotte und die Kichererbsen fertig sind, dann zum Servieren erneut erhitzen.

d) Zum Servieren die Suppe auf vier Schüsseln verteilen und mit der heißen Karotte und den Kichererbsen sowie nach Belieben etwa 2 Teelöffel Joghurt pro Portion belegen.

63. Heiße Joghurt - Gersten-Suppe

ZUTATEN:
- 6¾ Tassen / 1,6 Liter Wasser
- 1 Tasse / 200 g Graupen
- 2 mittelgroße Zwiebeln, fein gehackt
- 1½ TL getrocknete Minze
- 4 EL / 60 g ungesalzene Butter
- 2 große Eier, geschlagen
- 2 Tassen / 400 g griechischer Joghurt
- ⅔ oz / 20 g frische Minze, gehackt
- ⅓ oz / 10 g glatte Petersilie, gehackt
- 3 Frühlingszwiebeln, in dünne Scheiben geschnitten
- Salz und frisch gemahlener schwarzer Pfeffer

ANWEISUNGEN

a) Das Wasser mit der Gerste in einem großen Topf zum Kochen bringen, 1 Teelöffel Salz hinzufügen und 15 bis 20 Minuten köcheln lassen, bis die Gerste gar, aber noch al dente ist. Vom Herd nehmen. Nach dem Kochen benötigen Sie für die Suppe 4¾ Tassen / 1,1 Liter der Kochflüssigkeit; Füllen Sie Wasser nach, wenn aufgrund der Verdunstung weniger Wasser übrig bleibt.

b) Während die Gerste kocht, braten Sie die Zwiebel und die getrocknete Minze bei mittlerer Hitze in der Butter an, bis sie weich sind, etwa 15 Minuten. Fügen Sie dies der gekochten Gerste hinzu.

c) Eier und Joghurt in einer großen hitzebeständigen Rührschüssel verquirlen. Mischen Sie langsam etwas Gerste und Wasser, eine Kelle nach der anderen, hinzu, bis der Joghurt warm ist. Dadurch werden Joghurt und Eier temperiert und verhindern, dass sie platzen, wenn sie der heißen Flüssigkeit hinzugefügt werden.

d) Den Joghurt in den Suppentopf geben und bei mittlerer Hitze unter ständigem Rühren erhitzen, bis die Suppe ganz leicht köchelt. Vom Herd nehmen, die gehackten Kräuter und Frühlingszwiebeln hinzufügen und die Gewürze prüfen.

e) Heiß servieren.

64. Pistaziensuppe

ZUTATEN:
- 2 EL kochendes Wasser
- ¼ TL Safranfäden
- 1⅔ Tassen / 200 g geschälte, ungesalzene Pistazien
- 2 EL / 30 g ungesalzene Butter
- 4 Schalotten, fein gehackt (insgesamt 3½ oz / 100 g)
- 25 g Ingwer, geschält und fein gehackt
- 1 Lauch, fein gehackt (insgesamt 1¼ Tassen / 150 g)
- 2 TL gemahlener Kreuzkümmel
- 3 Tassen / 700 ml Gemüsebrühe
- ⅓ Tasse / 80 ml frisch gepresster Orangensaft
- 1 EL frisch gepresster Zitronensaft
- Salz und frisch gemahlener schwarzer Pfeffer
- Sauerrahm, zum Servieren

ANWEISUNGEN:

a) Heizen Sie den Ofen auf 350 °F / 180 °C vor. Die Safranfäden in einer kleinen Tasse mit kochendem Wasser übergießen und 30 Minuten ziehen lassen.

b) Um die Pistazienschalen zu entfernen, blanchieren Sie die Nüsse eine Minute lang in kochendem Wasser, lassen sie abtropfen und entfernen Sie die Schalen, während sie noch heiß sind, indem Sie die Nüsse zwischen Ihren Fingern drücken. Es lösen sich nicht alle Schalen wie bei Mandeln – das ist in Ordnung, da es die Suppe nicht beeinträchtigt – aber wenn man etwas Schale entfernt, verbessert sich die Farbe und sie erhält ein leuchtenderes Grün. Die Pistazien auf einem Backblech verteilen und 8 Minuten im Ofen rösten. Herausnehmen und abkühlen lassen.

c) Die Butter in einem großen Topf erhitzen und Schalotten, Ingwer, Lauch, Kreuzkümmel, ½ Teelöffel Salz und etwas schwarzen Pfeffer hinzufügen. Bei mittlerer Hitze 10 Minuten unter häufigem Rühren anbraten, bis die Schalotten ganz weich sind. Die Brühe und die Hälfte der Safranflüssigkeit hinzufügen. Decken Sie die Pfanne ab, reduzieren Sie die Hitze und lassen Sie die Suppe 20 Minuten köcheln.

d) Alle Pistazien bis auf einen Esslöffel zusammen mit der Hälfte der Suppe in eine große Schüssel geben. Mit einem Stabmixer pürieren, bis eine glatte Masse entsteht, und zurück in den Topf geben. Den Orangen- und Zitronensaft hinzufügen, erneut erhitzen und abschmecken, um die Würze anzupassen.

e) Zum Servieren die beiseite gestellten Pistazien grob hacken. Die heiße Suppe in Schüsseln füllen und mit einem Löffel Sauerrahm belegen. Mit den Pistazien bestreuen und mit der restlichen Safranflüssigkeit beträufeln.

65. Verbrannte Auberginen- und Mograbieh-Suppe

ZUTATEN:
- 5 kleine Auberginen (insgesamt ca. 1,2 kg)
- Sonnenblumenöl, zum Braten
- 1 Zwiebel, in Scheiben geschnitten (insgesamt etwa 1 Tasse / 125 g)
- 1 EL Kreuzkümmelsamen, frisch gemahlen
- 1½ TL Tomatenmark
- 2 große Tomaten (insgesamt 12 oz / 350 g), gehäutet und gewürfelt
- 1½ Tassen / 350 ml Gemüsebrühe
- 1⅔ Tassen / 400 ml Wasser
- 4 Knoblauchzehen, zerdrückt
- 2½ TL Zucker
- 2 EL frisch gepresster Zitronensaft
- ⅓ Tasse / 100 g Mograbieh oder eine Alternative wie Maftoul , Fregola oder Riesen-Couscous (siehe Abschnitt über Couscous)
- 2 EL geraspeltes Basilikum oder 1 EL gehackter Dill, optional
- Salz und frisch gemahlener schwarzer Pfeffer

ANWEISUNGEN:

a) Beginnen Sie damit, drei der Auberginen zu verbrennen. Befolgen Sie dazu die Anleitung für „Gebrannte Aubergine mit Knoblauch, Zitrone und Granatapfelkernen".

b) Schneiden Sie die restlichen Auberginen in 1,5 cm große Würfel. Etwa ⅔ Tasse / 150 ml Öl in einem großen Topf bei mittlerer bis hoher Hitze erhitzen. Wenn es heiß ist, fügen Sie die Auberginenwürfel hinzu. Unter häufigem Rühren 10 bis 15 Minuten braten, bis es überall Farbe hat; Bei Bedarf noch etwas Öl hinzufügen, damit immer etwas Öl in der Pfanne ist. Die Aubergine herausnehmen, zum Abtropfen in ein Sieb geben und mit Salz bestreuen.

c) Stellen Sie sicher, dass noch etwa 1 Esslöffel Öl in der Pfanne ist, geben Sie dann die Zwiebel und den Kreuzkümmel hinzu und braten Sie es etwa 7 Minuten lang unter häufigem Rühren an. Fügen Sie das Tomatenmark hinzu und kochen Sie es eine weitere Minute lang, bevor Sie die Tomaten, die Brühe, das Wasser, den Knoblauch, den Zucker, den Zitronensaft, 1½ Teelöffel Salz und etwas schwarzen Pfeffer hinzufügen. 15 Minuten leicht köcheln lassen.

d) In der Zwischenzeit einen kleinen Topf mit Salzwasser zum Kochen bringen und das Mograbieh oder eine Alternative hinzufügen. al dente kochen; Dies variiert je nach Marke, sollte aber 15 bis 18 Minuten dauern (siehe Packung). Abgießen und unter kaltem Wasser abschrecken.

e) Geben Sie das verbrannte Auberginenfleisch in die Suppe und pürieren Sie es mit einem Handmixer zu einer glatten Flüssigkeit. Den Mograbieh und die gebratenen Auberginen dazugeben, etwas zum Garnieren übrig lassen und weitere 2 Minuten köcheln lassen. Abschmecken und nachwürzen. Heiß servieren, mit dem reservierten Mograbieh und den gebratenen Auberginen belegen und nach Belieben mit Basilikum oder Dill garnieren.

66.Tomaten - Sauerteig-Suppe

ZUTATEN:
- 2 EL Olivenöl, plus etwas zum Schluss
- 1 große Zwiebel, gehackt (insgesamt 1⅔ Tassen / 250 g)
- 1 TL Kreuzkümmelsamen
- 2 Knoblauchzehen, zerdrückt
- 3 Tassen / 750 ml Gemüsebrühe
- 4 große reife Tomaten, gehackt (insgesamt 4 Tassen / 650 g)
- eine 400-g-Dose gehackte italienische Tomaten
- 1 EL feinster Zucker
- 1 Scheibe Sauerteigbrot (insgesamt 1½ oz / 40 g)
- 2 EL gehackter Koriander, plus etwas zum Schluss
- Salz und frisch gemahlener schwarzer Pfeffer

ANWEISUNGEN:

a) Das Öl in einem mittelgroßen Topf erhitzen und die Zwiebel hinzufügen. Unter häufigem Rühren etwa 5 Minuten anbraten, bis die Zwiebel glasig ist. Kreuzkümmel und Knoblauch hinzufügen und 2 Minuten braten. Gießen Sie die Brühe, beide Tomatensorten, Zucker, 1 Teelöffel Salz und eine gute Prise schwarzen Pfeffer hinzu.

b) Die Suppe leicht köcheln lassen und 20 Minuten kochen lassen. Nach der Hälfte der Garzeit das in Stücke gerissene Brot hinzufügen.

c) Zum Schluss den Koriander hinzufügen und dann mit einem Mixer in ein paar Stößen pürieren, sodass die Tomaten zerfallen, aber noch etwas grob und stückig sind. Die Suppe sollte ziemlich dick sein; Fügen Sie etwas Wasser hinzu, wenn es zu diesem Zeitpunkt zu dick ist. Mit Öl beträufelt und mit frischem Koriander bestreut servieren.

SALATE

67.Tomaten-Gurken-Salat

ZUTATEN:
- 4 Tomaten, gewürfelt
- 2 Gurken, gewürfelt
- 1 rote Zwiebel, fein gehackt
- 1 grüne Chili, fein gehackt
- Frischer Koriander, gehackt
- Saft von 2 Zitronen
- Salz und Pfeffer nach Geschmack

ANWEISUNGEN:
a) Tomaten, Gurken, rote Zwiebeln, grüne Chilis und Koriander in einer Schüssel vermengen.
b) Zitronensaft, Salz und Pfeffer hinzufügen. Zum Kombinieren vermengen.
c) Vor dem Servieren eine Stunde im Kühlschrank ruhen lassen.

68.Kichererbsensalat (Salatat Hummus)

ZUTATEN:
- 2 Tassen gekochte Kichererbsen
- 1 Gurke, gewürfelt
- 1 Tomate, gewürfelt
- 1/2 rote Zwiebel, fein gehackt
- 1/4 Tasse gehackte frische Minze
- 1/4 Tasse gehackte frische Petersilie
- Saft von 1 Zitrone
- 2 Esslöffel Olivenöl
- Salz und Pfeffer nach Geschmack

ANWEISUNGEN:
a) In einer Schüssel Kichererbsen, Gurke, Tomate, rote Zwiebel, Minze und Petersilie vermischen.
b) Mit Zitronensaft und Olivenöl beträufeln.
c) Mit Salz und Pfeffer würzen.
d) Den Salat gut durchmischen und gekühlt servieren.

69. Taboulé-Salat

ZUTATEN:
- 1 Tasse Bulgurweizen, 1 Stunde in heißem Wasser eingeweicht
- 2 Tassen frische Petersilie, fein gehackt
- 1 Tasse frische Minzblätter, fein gehackt
- 4 Tomaten, fein gewürfelt
- 1 Gurke, fein gewürfelt
- 1/2 Tasse rote Zwiebel, fein gehackt
- Saft von 3 Zitronen
- Olivenöl
- Salz und Pfeffer nach Geschmack

ANWEISUNGEN:
a) Den eingeweichten Bulgur abgießen und in eine große Schüssel geben.
b) Gehackte Petersilie, Minze, Tomaten, Gurken und rote Zwiebeln hinzufügen.
c) In einer kleinen Schüssel Zitronensaft und Olivenöl verrühren. Über den Salat gießen.
d) Mit Salz und Pfeffer würzen. Gut umrühren und vor dem Servieren mindestens 30 Minuten im Kühlschrank lagern.

70.Fattoush-Salat

ZUTATEN:
- 2 Tassen gemischter Salat (Salat, Rucola, Radicchio)
- 1 Gurke, gewürfelt
- 2 Tomaten, gewürfelt
- 1 rote Paprika, gehackt
- 1/2 Tasse Radieschen, in Scheiben geschnitten
- 1/4 Tasse frische Minzblätter, gehackt
- 1/4 Tasse frische Petersilie, gehackt
- 1/4 Tasse Olivenöl
- Saft von 1 Zitrone
- 1 Teelöffel Sumach
- Salz und Pfeffer nach Geschmack
- Fladenbrot, geröstet und in Stücke gebrochen

ANWEISUNGEN:

a) In einer großen Schüssel Salatblätter, Gurken, Tomaten, Paprika, Radieschen, Minze und Petersilie vermischen.

b) In einer kleinen Schüssel Olivenöl, Zitronensaft, Sumach, Salz und Pfeffer verrühren.

c) Das Dressing über den Salat gießen und vermengen.

d) Vor dem Servieren mit gerösteten Fladenbrotstücken belegen.

71. Blumenkohl-, Bohnen- und Reissalat

ZUTATEN:
FÜR DEN SALAT:
- 1 Tasse gekochter Basmatireis, abgekühlt
- 1 kleiner Blumenkohlkopf, in Röschen geschnitten
- 1 Dose (15 oz) Kidneybohnen, abgetropft und abgespült
- 1/2 Tasse gehackte frische Petersilie
- 1/4 Tasse gehackte frische Minzblätter
- 1/4 Tasse geschnittene Frühlingszwiebeln

FÜR DAS DRESSING:
- 3 Esslöffel Olivenöl
- 2 Esslöffel Zitronensaft
- 1 Teelöffel gemahlener Kreuzkümmel
- 1 Teelöffel gemahlener Koriander
- Salz und Pfeffer nach Geschmack

ANWEISUNGEN:

a) Heizen Sie den Ofen auf 400 °F (200 °C) vor.
b) Blumenkohlröschen mit etwas Olivenöl, Salz und Pfeffer vermengen.
c) Verteilen Sie sie auf einem Backblech und rösten Sie sie etwa 20–25 Minuten lang oder bis sie goldbraun und zart sind. Lassen Sie es abkühlen.
d) Den Basmatireis nach Packungsanleitung kochen. Nach dem Garen auf Zimmertemperatur abkühlen lassen.
e) In einer kleinen Schüssel Olivenöl, Zitronensaft, gemahlenen Kreuzkümmel, gemahlenen Koriander, Salz und Pfeffer verrühren. Passen Sie die Gewürze Ihrem Geschmack an.
f) In einer großen Salatschüssel den abgekühlten Reis, den gerösteten Blumenkohl, die Kidneybohnen, die gehackte Petersilie, die gehackte Minze und die geschnittenen Frühlingszwiebeln vermischen.
g) Das Dressing über die Salatzutaten gießen und vorsichtig verrühren, bis alles gut bedeckt ist.
h) Stellen Sie den Salat vor dem Servieren mindestens 30 Minuten lang in den Kühlschrank, damit sich die Aromen vermischen können.
i) Gekühlt servieren und nach Wunsch mit weiteren frischen Kräutern garnieren.

72.Dattel-Walnuss-Salat

ZUTATEN:
- 1 Tasse gemischter Salat
- 1 Tasse Datteln, entkernt und gehackt
- 1/2 Tasse Walnüsse, gehackt
- 1/4 Tasse Feta-Käse, zerbröckelt
- Balsamico-Vinaigrette-Dressing

ANWEISUNGEN:
a) Salatgrün auf einer Servierplatte anrichten.
b) Streuen Sie gehackte Datteln, Walnüsse und zerbröckelten Feta-Käse über das Gemüse.
c) Mit Balsamico-Vinaigrette-Dressing beträufeln.
d) Vor dem Servieren vorsichtig umrühren.

73.Karotten-Orangen-Salat

ZUTATEN:
- 4 Tassen geraspelte Karotten
- 2 Orangen, geschält und segmentiert
- 1/4 Tasse Rosinen
- 1/4 Tasse gehackte Pistazien
- Orangen-Vinaigrette-Dressing

ANWEISUNGEN:

a) In einer großen Schüssel zerkleinerte Karotten, Orangenstücke, Rosinen und Pistazien vermengen.
b) Mit Orangen-Vinaigrette-Dressing beträufeln.
c) Gut umrühren und vor dem Servieren mindestens 30 Minuten im Kühlschrank lagern.

NACHTISCH

74. Knafeh

ZUTATEN:
- 1 Pfund Kataifi- Teig (geschredderter Phyllo-Teig)
- 1 Tasse ungesalzene Butter, geschmolzen
- 2 Tassen Akkawi -Käse, gerieben (oder Mozzarella)
- 1 Tasse einfacher Sirup (Zucker und Wasser)
- Zerkleinerte Pistazien zum Garnieren

ANWEISUNGEN:
a) Kataifi -Teig mit zerlassener Butter vermengen und die Hälfte in eine Auflaufform drücken.
b) Den geriebenen Käse über den Teig streuen.
c) Kataifi- Teig bedecken und goldbraun backen.
d) Knafeh gießen und mit zerstoßenen Pistazien garnieren.

75.Atayef

ZUTATEN:
- 2 Tassen Allzweckmehl
- 1 Esslöffel Zucker
- 1 Teelöffel Backpulver
- 1 Tasse Wasser
- 1 Tasse Süßkäse oder Nüsse (zum Füllen)
- Einfacher Sirup zum Beträufeln

ANWEISUNGEN:
a) Mehl, Zucker, Backpulver und Wasser zu einem Teig verrühren.
b) Gießen Sie kleine Teigkreise auf eine heiße Grillplatte, um Mini-Pfannkuchen zu formen.
c) Geben Sie einen Löffel süßen Käse oder Nüsse in die Mitte jedes Pfannkuchens.
d) Den Pfannkuchen in der Mitte falten, die Ränder verschließen und goldbraun braten.
e) Vor dem Servieren mit Zuckersirup beträufeln.

76. Basbousa (Revani)

ZUTATEN:
- 1 Tasse Grieß
- 1 Tasse Naturjoghurt
- 1 Tasse Kokosraspeln
- 1 Tasse Zucker
- 1/2 Tasse ungesalzene Butter, geschmolzen
- 1 Teelöffel Backpulver
- 1/4 Tasse blanchierte Mandeln (zum Garnieren)
- Einfacher Syrup

ANWEISUNGEN:

a) In einer Schüssel Grieß, Joghurt, Kokosnuss, Zucker, zerlassene Butter und Backpulver vermischen.

b) Den Teig in eine gefettete Auflaufform füllen und die Oberfläche glatt streichen.

c) Goldbraun backen. Noch heiß in Rauten- oder Quadratform schneiden.

d) Mit blanchierten Mandeln garnieren und einfachen Sirup über die warme Basbousa gießen .

77. Tamriyeh (mit Datteln gefüllte Kekse)

ZUTATEN:
- 2 Tassen Allzweckmehl
- 1 Tasse ungesalzene Butter, weich
- 1 Tasse Datteln, entkernt und gehackt
- 1/2 Tasse gehackte Walnüsse
- 1/4 Tasse Zucker
- 1 Teelöffel gemahlener Zimt
- Puderzucker zum Bestäuben

ANWEISUNGEN:

a) Mehl und weiche Butter in einer Schüssel zu einem Teig vermengen.

b) In einer separaten Schüssel Datteln, Walnüsse, Zucker und Zimt für die Füllung vermischen.

c) Nehmen Sie kleine Portionen des Teigs, drücken Sie ihn flach und geben Sie einen Löffel der Dattelmischung in die Mitte.

d) Den Teig über die Füllung falten, die Ränder verschließen und zu einem Halbmond formen.

e) Goldbraun backen und vor dem Servieren mit Puderzucker bestäuben.

78. Katayef

ZUTATEN:

- 2 Tassen Allzweckmehl
- 1 Teelöffel Backpulver
- 1 Esslöffel Zucker
- 1 1/2 Tassen Wasser
- 1 Tasse Süßkäse oder Nüsse (zum Füllen)
- Einfacher Sirup zum Beträufeln
- Zerkleinerte Pistazien zum Garnieren

ANWEISUNGEN:

a) Mehl, Backpulver, Zucker und Wasser zu einem Teig vermischen.
b) Auf eine heiße Grillplatte kleine Teigkreise gießen, um Pfannkuchen zu formen.
c) Geben Sie einen Löffel süßen Käse oder Nüsse in die Mitte und falten Sie den Pfannkuchen in zwei Hälften, sodass die Ränder gut verschlossen sind.
d) Goldbraun backen. Mit Zuckersirup beträufeln und mit zerstoßenen Pistazien garnieren.

79. Harisseh

ZUTATEN:
- 1 Tasse Grieß
- 1 Tasse Naturjoghurt
- 1/2 Tasse Zucker
- 1/4 Tasse geklärte Butter (Ghee)
- 1/4 Tasse Kokosraspeln
- 1 Teelöffel Backpulver
- Einfacher Sirup zum Beträufeln
- Mandeln zum Garnieren

ANWEISUNGEN:
a) Grieß, Joghurt, Zucker, Butterschmalz, Kokosraspeln und Backpulver verrühren.
b) Den Teig in eine gefettete Auflaufform füllen und die Oberfläche glatt streichen.
c) Goldbraun backen. Noch warm in Quadrate schneiden und mit Zuckersirup beträufeln.
d) Mit Mandeln garnieren.

80. Sesam-Mandel-Quadrate

ZUTATEN:
- 1 Tasse geröstete Sesamkörner
- 1 Tasse Zucker
- 1/4 Tasse Wasser
- 1 Tasse blanchierte Mandeln, gehackt
- 1 Esslöffel Rosenwasser (optional)

ANWEISUNGEN:
a) In einer Pfanne Sesamkörner goldbraun rösten.
b) In einem separaten Topf Zucker und Wasser zu einem Sirup vermischen.
c) Sesamsamen, Mandeln und Rosenwasser zum Sirup hinzufügen. Gut mischen.
d) Die Mischung in eine gefettete Form füllen, abkühlen lassen und in Quadrate schneiden.

81. Awameh

ZUTATEN:
- 2 Tassen Allzweckmehl
- 1 Esslöffel Joghurt
- 1 Teelöffel Backpulver
- Wasser (nach Bedarf)
- Pflanzenöl zum Braten
- Einfacher Sirup zum Einweichen

ANWEISUNGEN:
a) Mehl, Joghurt und Backpulver mischen. Nach und nach Wasser hinzufügen, bis ein dicker Teig entsteht.
b) Öl in einer tiefen Pfanne erhitzen. Geben Sie mit einem Löffel kleine Portionen des Teigs in das heiße Öl.
c) Goldbraun braten, dann einige Minuten in Zuckersirup einweichen.
d) Servieren Sie das Awameh warm.

82.Rosenplätzchen (Qurabiya)

ZUTATEN:
- 2 Tassen Grieß
- 1 Tasse Ghee, geschmolzen
- 1 Tasse Puderzucker
- 1 Teelöffel Rosenwasser
- Gehackte Pistazien zum Garnieren

ANWEISUNGEN:
a) In einer Schüssel Grieß, geschmolzenes Ghee, Puderzucker und Rosenwasser zu einem Teig vermischen.
b) Aus dem Teig kleine Kekse formen.
c) Legen Sie die Kekse auf ein Backblech.
d) Im vorgeheizten Ofen bei 175 °C (350 °F) etwa 15–20 Minuten lang backen, bis sie goldbraun sind.
e) Mit gehackten Pistazien garnieren und vor dem Servieren abkühlen lassen.

83. Bananen-Dattel-Tarte

ZUTATEN:
- 1 Blatt fertiger Blätterteig
- 3 reife Bananen, in Scheiben geschnitten
- 1 Tasse Datteln, entkernt und gehackt
- 1/2 Tasse Honig
- Gehackte Nüsse zum Garnieren

ANWEISUNGEN:
a) Den Blätterteig ausrollen und in eine Tarteform legen.
b) Geschnittene Bananen und gehackte Datteln auf dem Teig verteilen.
c) Honig über die Früchte träufeln.
d) Im vorgeheizten Ofen bei 190 °C (375 °F) etwa 20–25 Minuten backen oder bis der Teig goldbraun ist.
e) Vor dem Servieren mit gehackten Nüssen garnieren.

84.Safran-Eis

ZUTATEN:
- 2 Tassen Sahne
- 1 Tasse Kondensmilch
- 1/2 Tasse Zucker
- 1 Teelöffel Safranfäden, in warmem Wasser eingeweicht
- Gehackte Pistazien zum Garnieren

ANWEISUNGEN:
a) In einer Schüssel die Sahne schlagen, bis sich steife Spitzen bilden.
b) Mischen Sie in einer separaten Schüssel Kondensmilch, Zucker und mit Safran angereichertes Wasser.
c) Die Kondensmilchmischung vorsichtig unter die Schlagsahne heben.
d) Geben Sie die Mischung in einen Behälter und frieren Sie sie mindestens 4 Stunden lang ein.
e) Vor dem Servieren mit gehackten Pistazien garnieren.

85.Sahnekaramell (Muhallabia)

ZUTATEN:

- 1/2 Tasse Reismehl
- 4 Tassen Milch
- 1 Tasse Zucker
- 1 Teelöffel Rosenwasser
- 1 Teelöffel Orangenblütenwasser
- Gehackte Pistazien zum Garnieren

ANWEISUNGEN:

a) In einem Topf Reismehl in einer kleinen Menge Milch auflösen, bis eine glatte Paste entsteht.
b) In einem separaten Topf die restliche Milch und den Zucker bei mittlerer Hitze erhitzen.
c) Geben Sie die Reismehlpaste zur Milchmischung und rühren Sie dabei ständig um, bis die Mischung eindickt.
d) Vom Herd nehmen und Rosenwasser und Orangenblütenwasser einrühren.
e) Die Mischung in Servierschalen füllen und abkühlen lassen.
f) Bis zum Festwerden im Kühlschrank aufbewahren.
g) Vor dem Servieren mit gehackten Pistazien garnieren.

86. Mamoul mit Datteln

ZUTATEN:
FÜR DEN TEIG:
- 3 Tassen Grieß
- 1 Tasse Allzweckmehl
- 1 Tasse ungesalzene Butter, geschmolzen
- 1/2 Tasse Kristallzucker
- 1/4 Tasse Rosenwasser oder Orangenblütenwasser
- 1/4 Tasse Milch
- 1 Teelöffel Backpulver

FÜR DIE DATUMSFÜLLUNG:
- 2 Tassen entkernte Datteln, gehackt
- 1/2 Tasse Wasser
- 1 Esslöffel Butter
- 1 Teelöffel gemahlener Zimt

ZUM ENTSTAUBEN (OPTIONAL):
- Puderzucker zum Bestäuben

ANWEISUNGEN:
DATUMSFÜLLUNG:
a) In einem Topf gehackte Datteln, Wasser, Butter und gemahlenen Zimt vermischen.
b) Bei mittlerer Hitze unter ständigem Rühren kochen, bis die Datteln weich werden und die Mischung eine pastöse Konsistenz hat.
c) Vom Herd nehmen und abkühlen lassen.

MAMOUL-TEIG:
d) In einer großen Rührschüssel Grieß, Allzweckmehl und Backpulver vermischen.
e) Geschmolzene Butter zur Mehlmischung geben und gut vermischen.
f) In einer separaten Schüssel Zucker, Rosenwasser (oder Orangenblütenwasser) und Milch vermischen. Rühren, bis sich der Zucker aufgelöst hat.
g) Die flüssige Mischung zur Mehlmischung geben und verkneten, bis ein glatter Teig entsteht. Wenn der Teig zu krümelig ist, können Sie noch etwas geschmolzene Butter oder Milch hinzufügen.
h) Den Teig abdecken und etwa 30 Minuten bis eine Stunde ruhen lassen.

MAMOUL-COOKIES ZUBEREITEN:
i) Heizen Sie Ihren Backofen auf 350 °F (175 °C) vor.
j) Nehmen Sie eine kleine Portion des Teigs und formen Sie ihn zu einer Kugel. Drücken Sie die Kugel flach in Ihre Hand und geben Sie eine kleine Menge der Dattelfüllung in die Mitte.
k) Umschließen Sie die Füllung mit dem Teig und formen Sie ihn zu einer glatten Kugel oder einer Kuppelform. Sie können Mamoul-Formen zur Dekoration verwenden, wenn Sie welche haben.
l) Legen Sie die gefüllten Kekse auf ein mit Backpapier ausgelegtes Backblech.
m) 15–20 Minuten backen oder bis der Boden goldbraun ist. Die Oberseiten dürfen ihre Farbe kaum ändern.
n) Lassen Sie die Kekse einige Minuten auf dem Backblech abkühlen, bevor Sie sie zum vollständigen Abkühlen auf einen Rost legen.

OPTIONALE ENTSTAUBUNG:
o) Sobald die Mamoul -Kekse vollständig abgekühlt sind, können Sie sie mit Puderzucker bestäuben.

87.Syrische Namora

ZUTATEN:
- 200g Butter (geschmolzen)
- 225g Zucker
- 3 Tassen (500 g) Joghurt
- 3 Tassen (600 g) Grieß (2,5 Tassen grober Grieß und 0,5 Tassen feiner Grieß)
- 3 EL Kokosnuss (fein getrocknet)
- 2 TL Backpulver
- 1 EL Rosenwasser oder Orangenblütenzuckersirup

ANWEISUNGEN:
ZUCKERSIRUP:
a) In einem Topf 1 Tasse Zucker, ½ Tasse Wasser und 1 Teelöffel Zitronensaft vermischen.
b) Kochen Sie die Mischung 5 bis 7 Minuten lang bei mittlerer Hitze und lassen Sie sie dann abkühlen.

NAMORA:
c) Geschmolzene Butter und Zucker mischen und gut verrühren.
d) Fügen Sie der Mischung Joghurt hinzu und verrühren Sie erneut, bis alles vollständig vermischt ist.
e) Groben und feinen Grieß, Backpulver, Kokosnuss und Rosenwasser unterrühren. Mischen, bis ein glatter Teig entsteht.
f) Den Teig in Cupcake-Formen füllen. Optional die Cupcakes mit Mandelblättchen dekorieren.
g) Backen Sie den Teig im vorgeheizten Ofen bei 180 Grad Celsius 15 bis 20 Minuten lang oder bis er goldbraun ist.
h) Während die Cupcakes im Ofen sind, bereiten Sie den Zuckersirup zu.
i) Sobald die Cupcakes gebacken sind, gießen Sie den Zuckersirup darüber, solange sie noch warm sind. Dadurch werden sie saftig und aromatisch.

88.Syrische Dattel-Brownies

ZUTATEN:
FÜR DIE DATELPASTE:
- 2 Tassen entkernte Datteln, vorzugsweise Medjool
- 1/2 Tasse Wasser
- 1 Teelöffel Zitronensaft

FÜR DEN BROWNIE-TEIG:
- 1/2 Tasse ungesalzene Butter, geschmolzen
- 1 Tasse Kristallzucker
- 2 große Eier
- 1 Teelöffel Vanilleextrakt
- 1/2 Tasse Allzweckmehl
- 1/3 Tasse ungesüßtes Kakaopulver
- 1/4 Teelöffel Backpulver
- 1/4 Teelöffel Salz
- 1/2 Tasse gehackte Nüsse (Walnüsse oder Mandeln), optional

ANWEISUNGEN:

DATUM EINFÜGEN:
a) In einem kleinen Topf entkernte Datteln und Wasser vermischen.
b) Bei mittlerer Hitze köcheln lassen und etwa 5-7 Minuten kochen lassen oder bis die Datteln weich sind.
c) Vom Herd nehmen und etwas abkühlen lassen.
d) Geben Sie die weichen Datteln in eine Küchenmaschine, fügen Sie Zitronensaft hinzu und mixen Sie, bis eine glatte Paste entsteht. Beiseite legen.

BROWNIE-TEIG:
e) Heizen Sie Ihren Backofen auf 350 °F (175 °C) vor. Eine Backform einfetten und mit Backpapier auslegen.
f) In einer großen Rührschüssel geschmolzene Butter und Zucker verrühren, bis alles gut vermischt ist.
g) Fügen Sie die Eier einzeln hinzu und schlagen Sie nach jeder Zugabe gut durch. Den Vanilleextrakt einrühren.
h) In einer separaten Schüssel Mehl, Kakaopulver, Backpulver und Salz vermischen.
i) Geben Sie nach und nach die trockenen Zutaten zu den feuchten Zutaten hinzu und verrühren Sie alles, bis alles gut vermischt ist.
j) Die Dattelpaste und die gehackten Nüsse (falls verwendet) unter den Brownie-Teig heben, bis sie gleichmäßig verteilt sind.
k) Den Teig in die vorbereitete Backform füllen und gleichmäßig verteilen.
l) Im vorgeheizten Ofen 25–30 Minuten backen oder bis ein in die Mitte gesteckter Zahnstocher ein paar feuchte Krümel herausholt.
m) Lassen Sie die Brownies in der Pfanne vollständig abkühlen, bevor Sie sie in Quadrate schneiden.
n) Optional: Die abgekühlten Brownies zur Dekoration mit Kakaopulver oder Puderzucker bestäuben.

89.Baklava

ZUTATEN:
- 1 Packung Phyllo-Teig
- 1 Tasse ungesalzene Butter, geschmolzen
- 2 Tassen gemischte Nüsse (Walnüsse, Pistazien), fein gehackt
- 1 Tasse Kristallzucker
- 1 Teelöffel gemahlener Zimt
- 1 Tasse Honig
- 1/4 Tasse Wasser
- 1 Teelöffel Rosenwasser (optional)

ANWEISUNGEN:
a) Heizen Sie den Ofen auf 350 °F (175 °C) vor.
b) In einer Schüssel die gehackten Nüsse mit Zucker und Zimt vermischen.
c) Legen Sie ein Blatt Phyllo-Teig in eine gefettete Backform, bestreichen Sie es mit zerlassener Butter und wiederholen Sie den Vorgang für etwa 10 Schichten.
d) Streuen Sie eine Schicht der Nussmischung über den Phyllo.
e) Weiter Schichten von Phyllo und Nüssen auftragen, bis die Zutaten aufgebraucht sind, und mit einer obersten Schicht Phyllo abschließen.
f) Schneiden Sie das Baklava mit einem scharfen Messer in Rauten- oder Quadratformen.
g) 45–50 Minuten backen oder bis es goldbraun ist.
h) Während das Baklava backt, erhitzen Sie Honig, Wasser und Rosenwasser (falls verwendet) in einem Topf bei schwacher Hitze.
i) Sobald das Baklava fertig ist, gießen Sie sofort die heiße Honigmischung darüber.
j) Lassen Sie das Baklava vor dem Servieren abkühlen.

90.Halawet el Jibn (syrische Süßkäsebrötchen)

ZUTATEN:
- 1 Tasse Ricotta-Käse
- 1 Tasse Grieß
- 1/2 Tasse Zucker
- 1/4 Tasse ungesalzene Butter
- 1 Tasse Milch
- 1 Esslöffel Orangenblütenwasser
- Blanchierte Mandeln zum Garnieren
- Geriebener Blätterteig zum Ausrollen

ANWEISUNGEN:
a) In einem Topf Ricotta-Käse, Grieß, Zucker, Butter und Milch vermischen.
b) Bei mittlerer Hitze unter ständigem Rühren kochen, bis die Mischung eindickt.
c) Vom Herd nehmen und Orangenblütenwasser einrühren.
d) Lassen Sie die Mischung abkühlen.
e) Nehmen Sie kleine Portionen der Mischung, wickeln Sie sie in zerkleinerten Blätterteig und formen Sie kleine Rollen.
f) Mit blanchierten Mandeln garnieren.
g) Servieren Sie diese süßen Käseröllchen als köstliches Dessert oder als Ergänzung zu Ihrem Frühstücksaufstrich.

91. Basbousa (Grießkuchen)

ZUTATEN:
- 1 Tasse Grieß
- 1 Tasse Kristallzucker
- 1 Tasse Naturjoghurt
- 1/2 Tasse ungesalzene Butter, geschmolzen
- 1 Teelöffel Backpulver
- 1/4 Tasse Kokosraspeln (optional)
- 1/4 Tasse blanchierte Mandeln oder Pinienkerne zum Garnieren

SIRUP:
- 1 Tasse Kristallzucker
- 1/2 Tasse Wasser
- 1 Esslöffel Rosenwasser
- 1 Esslöffel Orangenblütenwasser

ANWEISUNGEN:
a) Heizen Sie den Ofen auf 350 °F (175 °C) vor.
b) In einer Schüssel Grieß, Zucker, Joghurt, zerlassene Butter, Backpulver und Kokosraspeln gut vermischen.
c) Den Teig in eine gefettete Backform füllen.
d) Glätten Sie die Oberfläche mit einem Spachtel und schneiden Sie sie in Rautenformen.
e) Legen Sie eine Mandel- oder Pinienkerne in die Mitte jedes Diamanten.
f) 30-35 Minuten backen oder bis es goldbraun ist.
g) Während der Kuchen backt, bereiten Sie den Sirup zu, indem Sie Zucker und Wasser kochen, bis sich der Zucker aufgelöst hat.
h) Vom Herd nehmen und Rosenwasser und Orangenblütenwasser hinzufügen.
i) Sobald der Kuchen fertig ist, gießen Sie den Sirup darüber, solange er noch warm ist.
j) Lassen Sie die Basbousa vor dem Servieren den Sirup aufnehmen.

92. Znoud El Sit (syrisches, mit Sahne gefülltes Gebäck)

ZUTATEN:
- 10 Blätter Phyllo-Teig
- 1 Tasse Sahne
- 1/4 Tasse Kristallzucker
- 1 Teelöffel Rosenwasser
- Pflanzenöl zum Braten
- Einfacher Sirup (1 Tasse Zucker, 1/2 Tasse Wasser, 1 Teelöffel Zitronensaft, sirupartig gekocht)

ANWEISUNGEN:
a) In einer Schüssel die Sahne mit Zucker und Rosenwasser schlagen, bis sich steife Spitzen bilden.
b) Schneiden Sie die Phyllo-Blätter in Rechtecke (ca. 10 x 20 cm).
c) Geben Sie einen Esslöffel Schlagsahne an ein Ende jedes Rechtecks.
d) Die Seiten über die Sahne schlagen und wie eine Zigarre aufrollen.
e) Pflanzenöl in einer tiefen Pfanne erhitzen und die Teigtaschen goldbraun braten.
f) Tauchen Sie das frittierte Gebäck in den vorbereiteten einfachen Sirup.
g) Lassen Sie den Znoud El Sit vor dem Servieren abkühlen.

93. Mafroukeh (Grieß-Mandel-Dessert)

ZUTATEN:
- 2 Tassen Grieß
- 1 Tasse ungesalzene Butter
- 1 Tasse Kristallzucker
- 1 Tasse Vollmilch
- 1 Tasse blanchierte Mandeln, geröstet und gehackt
- Einfacher Sirup (1 Tasse Zucker, 1/2 Tasse Wasser, 1 Teelöffel Orangenblütenwasser, sirupartig gekocht)

ANWEISUNGEN:
a) In einer Pfanne Butter schmelzen und Grieß hinzufügen. Unter ständigem Rühren goldbraun rühren.
b) Zucker hinzufügen und weiterrühren, bis alles gut vermischt ist.
c) Unter Rühren langsam Milch hinzufügen, um Klümpchen zu vermeiden. Kochen, bis die Mischung eindickt.
d) Vom Herd nehmen und geröstete und gehackte Mandeln unterrühren.
e) Drücken Sie die Mischung in eine Servierschüssel und lassen Sie sie abkühlen.
f) In Rauten schneiden und den vorbereiteten einfachen Sirup über das Mafroukeh gießen.
g) Lassen Sie den Sirup vor dem Servieren aufsaugen.

94. Galettes mit roter Paprika und gebackenem Ei

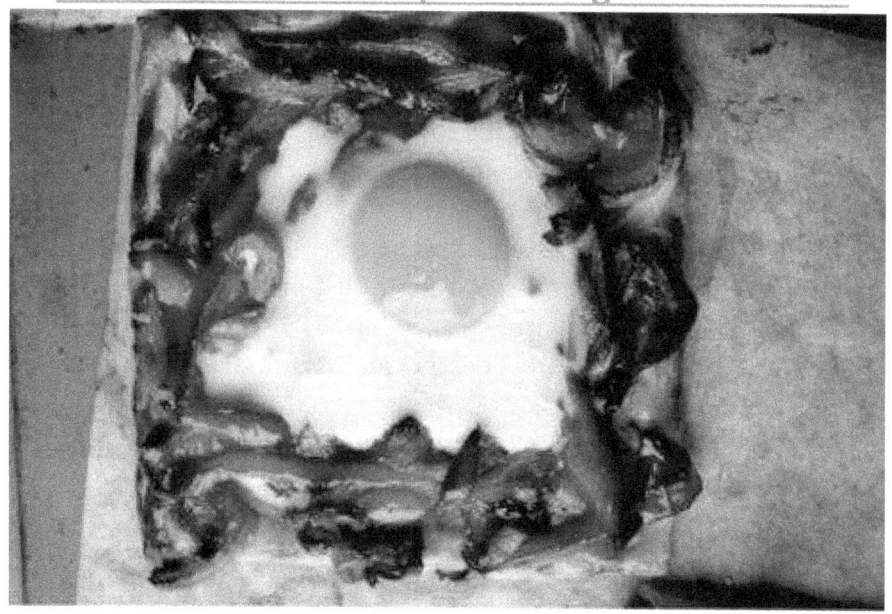

ZUTATEN:
- 4 mittelgroße rote Paprika, halbiert, entkernt und in 1 cm breite Streifen geschnitten
- 3 kleine Zwiebeln, halbiert und in 2 cm breite Spalten geschnitten
- 4 Thymianzweige, Blätter abgezupft und gehackt
- 1½ TL gemahlener Koriander
- 1½ TL gemahlener Kreuzkümmel
- 6 EL Olivenöl, plus etwas zum Schluss
- 1½ EL glatte Petersilienblätter, grob gehackt
- 1½ EL Korianderblätter, grob gehackt
- 9 oz / 250 g Blätterteig bester Qualität, ausschließlich aus Butter
- 2 EL / 30 g Sauerrahm
- 4 große Eier aus Freilandhaltung (oder 5½ oz / 160 g Feta-Käse, zerbröckelt) plus 1 Ei, leicht geschlagen
- Salz und frisch gemahlener schwarzer Pfeffer

ANWEISUNGEN:

a) Heizen Sie den Ofen auf 400 °F / 210 °C vor. In einer großen Schüssel Paprika, Zwiebeln, Thymianblätter, gemahlene Gewürze, Olivenöl und eine gute Prise Salz vermischen. In einem Bräter ausbreiten und 35 Minuten rösten, dabei während des Kochens mehrmals umrühren. Das Gemüse sollte weich und süß, aber nicht zu knusprig oder braun sein, da es sonst weiter gart. Aus dem Ofen nehmen und die Hälfte der frischen Kräuter unterrühren. Zum Würzen abschmecken und beiseite stellen. Stellen Sie den Ofen auf 220 °C (425 °F) hoch.

b) Rollen Sie den Blätterteig auf einer leicht bemehlten Arbeitsfläche zu einem 12 Zoll / 30 cm großen Quadrat mit einer Dicke von etwa ⅛ Zoll / 3 mm aus und schneiden Sie ihn in vier 6 Zoll / 15 cm große Quadrate. Stechen Sie die Quadrate rundherum mit einer Gabel ein und legen Sie sie mit ausreichend Abstand auf ein mit Backpapier ausgelegtes Backblech. Mindestens 30 Minuten im Kühlschrank ruhen lassen.

c) Den Teig aus dem Kühlschrank nehmen und die Oberseite und die Seiten mit geschlagenem Ei bestreichen. Verteilen Sie mit einem versetzten Spatel oder der Rückseite eines Löffels 1½ Teelöffel Sauerrahm auf jedem Quadrat und lassen Sie an den Rändern einen 0,5 cm breiten Rand frei. 3 Esslöffel der Pfeffermischung auf den mit Sauerrahm belegten Quadraten verteilen, dabei die Ränder frei lassen, damit sie aufgehen können. Es sollte ziemlich gleichmäßig verteilt sein, aber in der Mitte eine flache Mulde lassen, um später ein Ei aufzunehmen.

d) Galettes 14 Minuten backen . Nehmen Sie das Backblech aus dem Ofen und schlagen Sie vorsichtig ein ganzes Ei in die Vertiefung in der Mitte jedes Teigstücks. Zurück in den Ofen und weitere 7 Minuten kochen lassen, bis die Eier gerade fest sind. Mit schwarzem Pfeffer und den restlichen Kräutern bestreuen und mit Öl beträufeln. Sofort servieren.

95.Kräuterkuchen

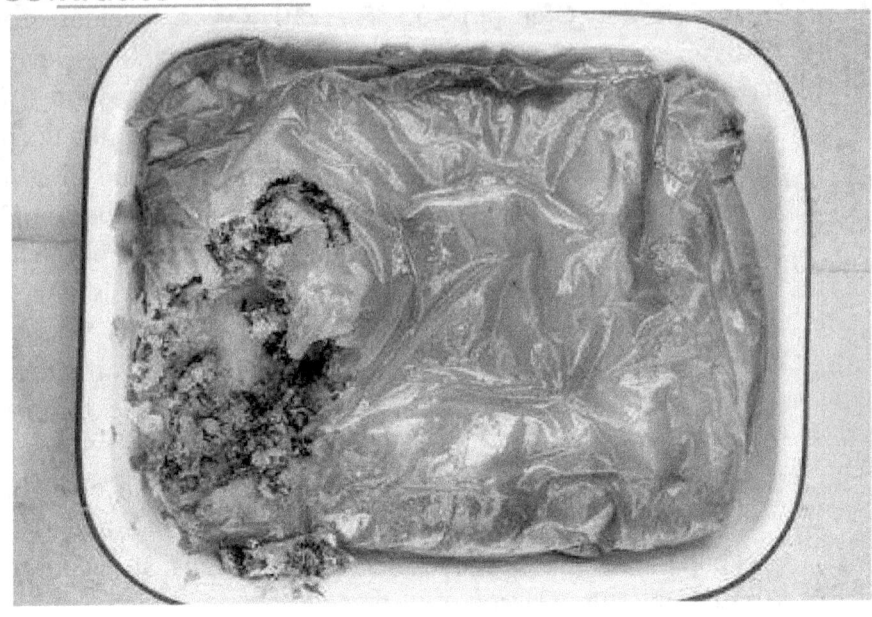

ZUTATEN:
- 2 EL Olivenöl, plus etwas Olivenöl zum Bestreichen des Teigs
- 1 große Zwiebel, gewürfelt
- 1 Pfund / 500 g Mangold, Stiele und Blätter fein zerkleinert, aber getrennt aufbewahren
- 150 g Sellerie, in dünne Scheiben geschnitten
- 1¾ oz / 50 g Frühlingszwiebel, gehackt
- 1¾ oz / 50 g Rucola
- 30 g glatte Petersilie, gehackt
- 1 oz / 30 g Minze, gehackt
- ¾ oz / 20 g Dill, gehackt
- 120 g Anari- oder Ricotta-Käse, zerbröselt
- 3½ oz / 100 g gereifter Cheddar-Käse, gerieben
- 2 oz / 60 g Feta-Käse, zerbröckelt
- abgeriebene Schale von 1 Zitrone
- 2 große Eier aus Freilandhaltung
- ⅓ TL Salz
- ½ TL frisch gemahlener schwarzer Pfeffer
- ½ TL feinster Zucker
- 250 g Filoteig

ANWEISUNGEN:

a) Heizen Sie den Ofen auf 400 °F / 200 °C vor. Gießen Sie das Olivenöl bei mittlerer Hitze in eine große, tiefe Pfanne. Die Zwiebel dazugeben und 8 Minuten anbraten, ohne braun zu werden. Die Mangoldstiele und den Sellerie dazugeben und unter gelegentlichem Rühren 4 Minuten weitergaren. Fügen Sie die Mangoldblätter hinzu, erhöhen Sie die Hitze auf mittelhoch und rühren Sie 4 Minuten lang um, bis die Blätter zusammenfallen. Frühlingszwiebel, Rucola und Kräuter hinzufügen und weitere 2 Minuten kochen lassen. Vom Herd nehmen und zum Abkühlen in ein Sieb geben.

b) Sobald die Mischung abgekühlt ist, drücken Sie so viel Wasser wie möglich aus und geben Sie sie in eine Rührschüssel. Die drei Käsesorten, Zitronenschale, Eier, Salz, Pfeffer und Zucker hinzufügen und gut vermischen.

c) Legen Sie ein Blatt Filoteig aus und bestreichen Sie es mit etwas Olivenöl. Mit einem weiteren Blatt abdecken und auf die gleiche Weise fortfahren, bis Sie fünf mit Öl bestrichene Schichten Filo haben, die alle eine Fläche bedecken, die groß genug ist, um die Seiten und den Boden einer 22 cm großen Kuchenform auszukleiden, plus etwas mehr, um über den Rand zu hängen . Legen Sie den Teig in die Kuchenform, füllen Sie ihn mit der Kräutermischung und falten Sie den überschüssigen Teig über den Rand der Füllung. Schneiden Sie den Teig nach Bedarf ab, um einen 2 cm breiten Rand zu erhalten.

d) Machen Sie einen weiteren Satz aus 5 mit Öl bestrichenen Filoschichten und legen Sie sie über den Kuchen. Den Teig ein wenig zusammenkneten, um eine wellige, ungleichmäßige Oberfläche zu erhalten, und die Ränder so abschneiden, dass er den Kuchen gerade bedeckt. Mit Olivenöl bestreichen und 40 Minuten backen, bis der Filo eine schöne goldbraune Farbe annimmt. Aus dem Ofen nehmen und warm oder bei Zimmertemperatur servieren.

96. Burekas

ZUTATEN:
- 1 lb / 500 g Blätterteig bester Qualität, rein aus Butter
- 1 großes Freilandei, geschlagen

Ricotta-Füllung
- ¼ Tasse / 60 g Hüttenkäse
- ¼ Tasse / 60 g Ricotta-Käse
- ⅔ Tasse / 90 zerbröckelter Feta-Käse
- 2 TL / 10 g ungesalzene Butter, geschmolzen

PECORINO-FÜLLUNG
- 3½ EL / 50 g Ricotta-Käse
- ⅔ Tasse / 70 g geriebener gereifter Pecorino-Käse
- ⅓ Tasse / 50 g geriebener gereifter Cheddar-Käse
- 1 Lauch, in 5 cm große Stücke geschnitten, blanchiert, bis er weich ist, und fein gehackt (insgesamt ¾ Tasse / 80 g)
- 1 EL gehackte glatte Petersilie
- ½ TL frisch gemahlener schwarzer Pfeffer

SAMEN
- 1 TL Schwarzkümmelsamen
- 1 TL Sesamkörner
- 1 TL gelbe Senfkörner
- 1 TL Kümmel
- ½ TL Chiliflocken

ANWEISUNGEN:

a) Rollen Sie den Teig in zwei 12 Zoll / 30 cm große Quadrate mit einer Dicke von jeweils ⅛ Zoll / 3 mm aus. Legen Sie die Blätterteigblätter auf ein mit Backpapier ausgelegtes Backblech – sie können übereinander liegen, mit einem Blatt Backpapier dazwischen – und lassen Sie sie 1 Stunde lang im Kühlschrank ruhen.

b) Geben Sie jeden Satz Füllzutaten in eine separate Schüssel. Mischen und beiseite stellen. Alle Samen in einer Schüssel vermischen und beiseite stellen.

c) Schneiden Sie jedes Teigblatt in 10 cm große Quadrate. Sie sollten insgesamt 18 Quadrate erhalten. Verteilen Sie die erste Füllung gleichmäßig auf die Hälfte der Quadrate und löffeln Sie sie in die Mitte jedes Quadrats. Bestreichen Sie zwei benachbarte Kanten jedes Quadrats mit Ei und falten Sie das Quadrat dann in zwei Hälften, sodass ein Dreieck entsteht. Drücken Sie die Luft heraus und drücken Sie die Seiten fest zusammen. Sie sollten die Ränder sehr gut andrücken, damit sie sich beim Kochen nicht öffnen. Mit den restlichen Teigquadraten und der zweiten Füllung wiederholen. Auf ein mit Backpapier ausgelegtes Backblech legen und mindestens 15 Minuten im Kühlschrank ruhen lassen, damit es fester wird. Heizen Sie den Ofen auf 220 °C vor.

d) Bestreichen Sie die beiden kurzen Ränder jedes Teigs mit Ei und tauchen Sie diese Ränder in die Samenmischung. Eine kleine Menge Samen mit einer Breite von nur 2 mm genügt, da sie ziemlich dominant sind. Bestreichen Sie die Oberseite jedes Teigstücks ebenfalls mit etwas Ei, wobei Sie die Kerne aussparen.

e) Stellen Sie sicher, dass die Teigstücke einen Abstand von etwa 3 cm haben. 15 bis 17 Minuten backen, bis alles rundherum goldbraun ist. Warm oder bei Zimmertemperatur servieren. Sollte beim Backen etwas Füllung aus dem Gebäck herauslaufen, stopfen Sie es einfach vorsichtig wieder hinein, wenn es abgekühlt genug ist, um es anfassen zu können.

97.Ghraybeh

ZUTATEN:
- ¾ Tasse plus 2 EL / 200 g Ghee oder geklärte Butter aus dem Kühlschrank, damit es fest wird
- ⅔ Tasse / 70 g Puderzucker
- 3 Tassen / 370 g Allzweckmehl, gesiebt
- ½ TL Salz
- 4 TL Orangenblütenwasser
- 2½ TL Rosenwasser
- ca. 5 EL / 30 g ungesalzene Pistazien

ANWEISUNGEN:

a) In einer Küchenmaschine mit Schneebesen das Ghee und den Puderzucker 5 Minuten lang schaumig rühren, bis die Masse schaumig, cremig und hell ist. Ersetzen Sie den Schneebesen durch den Rühraufsatz, fügen Sie Mehl, Salz sowie Orangenblüten- und Rosenwasser hinzu und verrühren Sie alles gut 3 bis 4 Minuten lang, bis ein gleichmäßiger, glatter Teig entsteht.

b) Den Teig in Frischhaltefolie einwickeln und 1 Stunde kalt stellen.

c) Heizen Sie den Ofen auf 350 °F / 180 °C vor. Schneiden Sie ein etwa 15 g schweres Stück Teig ab und rollen Sie es zwischen Ihren Handflächen zu einer Kugel. Etwas flach drücken und auf ein mit Backpapier ausgelegtes Backblech legen. Wiederholen Sie den Vorgang mit dem Rest des Teigs, indem Sie die Kekse auf mit Backpapier ausgelegten Blechen anordnen und dabei einen guten Abstand zueinander einhalten. Drücken Sie 1 Pistazie in die Mitte jedes Kekses.

d) 17 Minuten backen, dabei darauf achten, dass die Kekse keine Farbe annehmen, sondern nur durchbacken. Aus dem Ofen nehmen und vollständig abkühlen lassen.

e) Bewahren Sie die Kekse in einem luftdichten Behälter bis zu 5 Tage auf.

98. Mutabbaq

ZUTATEN:
- ⅔ Tasse / 130 g ungesalzene Butter, geschmolzen
- 14 Blätter Filoteig, 12 x 15½ Zoll / 31 x 39 cm
- 2 Tassen / 500 g Ricotta-Käse
- 9 oz / 250 g weicher Ziegenkäse
- zerstoßene ungesalzene Pistazien zum Garnieren (optional)
- SIRUP
- 6 EL / 90 ml Wasser
- gerundete 1⅓ Tassen / 280 g feinster Zucker
- 3 EL frisch gepresster Zitronensaft

ANWEISUNGEN:

a) Heizen Sie den Ofen auf 450 °F / 230 °C vor. Ein Backblech mit flachem Rand (ca. 28 x 37 cm) mit etwas geschmolzener Butter bestreichen. Breiten Sie ein Filoblatt darauf aus, stecken Sie es in die Ecken und lassen Sie die Ränder überstehen. Alles mit Butter bestreichen, mit einem weiteren Blatt belegen und erneut mit Butter bestreichen. Wiederholen Sie den Vorgang, bis Sie 7 gleichmäßig gestapelte Blätter haben, die jeweils mit Butter bestrichen sind.

b) Ricotta und Ziegenkäse in eine Schüssel geben und mit einer Gabel gut vermischen. Auf dem oberen Filoteigblatt verteilen und am Rand 2 cm frei lassen. Die Oberfläche des Käses mit Butter bestreichen und mit den restlichen 7 Filoblättern belegen, jedes nacheinander mit Butter bestreichen.

c) Schneiden Sie mit einer Schere etwa 2 cm vom Rand ab, ohne den Käse zu erreichen, damit er gut im Teig eingeschlossen bleibt. Schieben Sie die Filo-Ränder mit den Fingern vorsichtig unter den Teig, um einen sauberen Rand zu erhalten. Rundum mit mehr Butter bestreichen. Schneiden Sie die Oberfläche mit einem scharfen Messer in etwa 7 cm große Quadrate, sodass das Messer fast bis zum Boden reicht, aber nicht ganz. 25 bis 27 Minuten backen, bis es goldbraun und knusprig ist.

d) Während der Teig backt, bereiten Sie den Sirup zu. Wasser und Zucker in einen kleinen Topf geben und mit einem Holzlöffel gut vermischen. Bei mittlerer Hitze zum Kochen bringen, den Zitronensaft hinzufügen und 2 Minuten leicht köcheln lassen. Vom Herd nehmen.

e) Gießen Sie den Sirup langsam über den Teig, sobald Sie ihn aus dem Ofen nehmen, und achten Sie darauf, dass er gleichmäßig einzieht. 10 Minuten abkühlen lassen. Eventuell mit den zerstoßenen Pistazien bestreuen und in Portionen schneiden.

99.Sherbat

ZUTATEN:
- 1 Liter Milch
- 1 Tasse Zucker
- 1/2 Tasse Sahne
- Einige Tropfen Vanilleessenz
- 1 Teelöffel geschnittene Mandeln
- 1 Teelöffel geschnittene Pistazien
- 1 Esslöffel Vanillepudding
- 1 Prise Safran

ANWEISUNGEN:
a) In einem Topf die Milch aufkochen.
b) Zucker, Sahne, Vanilleessenz, Vanillepudding, Safran, gehobelte Mandeln und gehobelte Pistazien in die kochende Milch geben.
c) Kochen Sie die Mischung auf kleiner Flamme, bis die Milch eindickt. Ständig umrühren, um ein Ankleben am Boden zu vermeiden.
d) Nehmen Sie den Topf von der Flamme und lassen Sie das Sorbat auf Zimmertemperatur abkühlen.
e) Sobald die Mischung abgekühlt ist, stellen Sie sie zum gründlichen Abkühlen in den Kühlschrank.
f) Sherbat ist jetzt servierfertig.
g) Sorbat in Gläser füllen und nach Belieben mit weiteren Mandelblättchen und Pistazien garnieren.

100. Qamar al-Din-Pudding

ZUTATEN:
- 1 Tasse getrocknete Aprikosenpaste (Qamar al-Din)
- 4 Tassen Wasser
- 1/2 Tasse Zucker (je nach Geschmack anpassen)
- 1/4 Tasse Maisstärke
- 1 Teelöffel Orangenblütenwasser (optional)
- Gehackte Nüsse zum Garnieren

ANWEISUNGEN:
a) In einem Topf die Aprikosenpaste bei mittlerer Hitze in Wasser auflösen.
b) Zucker hinzufügen und rühren, bis er sich aufgelöst hat.
c) In einer separaten Schüssel Maisstärke mit etwas Wasser vermischen, bis eine glatte Paste entsteht.
d) Nach und nach die Maisstärkepaste unter ständigem Rühren zur Aprikosenmischung geben, bis sie eindickt.
e) Vom Herd nehmen und ggf. Orangenblütenwasser einrühren.
f) Die Mischung in Servierschalen füllen und abkühlen lassen.
g) Bis zum Festwerden im Kühlschrank aufbewahren.
h) Vor dem Servieren mit gehackten Nüssen garnieren.

ABSCHLUSS

Zum Abschluss unserer geschmackvollen Reise durch „Bethlehem: Eine moderne Sicht auf die palästinensische Küche" hoffen wir, dass Sie die Freude erlebt haben, die zeitgenössischen Aromen zu erkunden, die aus dem Herzen Palästinas kommen. Jedes Rezept auf diesen Seiten ist eine Hommage an die Frische, Gewürze und Gastfreundschaft, die palästinensische Gerichte ausmachen – ein Beweis für den reichen Geschmacksteppich, der die Küche so beliebt macht.

Ganz gleich, ob Sie die wohltuende Maqluba genossen, die Vielfalt der Mezze genossen oder sich die Süße einfallsreicher Desserts gegönnt haben, wir sind davon überzeugt, dass diese Rezepte Ihre Leidenschaft für die palästinensische Küche entfacht haben. Möge das Konzept einer modernen Interpretation der palästinensischen Küche über die Zutaten und Techniken hinaus eine Quelle der Verbindung, des Feierns und der Wertschätzung für die kulinarischen Traditionen werden, die Menschen zusammenbringen.

Während Sie weiterhin die Welt der palästinensischen Küche erkunden, möge „Bethlehem" Ihr vertrauenswürdiger Begleiter sein und Sie durch eine Vielzahl von Gerichten führen, die die Essenz Palästinas einfangen. Hier geht es darum, die kräftigen und nuancierten Aromen zu genießen, Mahlzeiten mit Ihren Lieben zu teilen und die Herzlichkeit und Gastfreundschaft zu genießen, die die palästinensische Küche ausmachen. Sahtein!

www.ingramcontent.com/pod-product-compliance
Lightning Source LLC
Chambersburg PA
CBHW071319110526
44591CB00010B/954